10대를 위한

경제를 일으킨
결정적 질문

경제를 일으킨

10대를 위한

박정원 지음

결정적 질문

다른

숨 쉬듯 편안하게 읽는 경제 이야기

여러분의 오늘 하루는 어땠나요? 우리 한번 시간을 되감아 볼까요? 아침에 휴대폰 알람을 끄고 일어나 씻고 학교에 갔을 거예요. 걸으면서 음악을 듣거나 친구들과 메시지를 주고받기도 했을 테고요. 점심시간엔 전국 각지의 신선한 재료로 조리한 급식을 먹었겠죠? 학교 수업이 끝나면 교문 앞 편의점에서 과자나 음료수도 사 먹었을 테고요. 이렇게 여러분이 오늘 아침 일어나 잠들기까지 한 거의 모든 활동이 '경제 활동'이에요.

갑자기 '경제'라니 어렵고 지루하게 느껴지는 친구들이 있을 거예요. 선생님도 그랬어요. 환율이니 무역이니 하는 말들이 얼마나 어려웠던지 사회책을 덮고 싶었던 적이 한두 번이 아니에요. 하지만 저는 그럴 때마다 스스로 질문을 던졌어요. '어렵고 딱딱한 경제를 좀 더 재밌게 공부할 수는 없을까?' 고민 끝에 저는 답을 찾았답니다. 그 덕분에 이 책에서 여러분께 들려줄 경제 이야기는 무엇보다 쉽고 재미있어요.

잘 먹고 잘살고 싶은 여러분이라면 경제는 꼭 알아야 해요. 경제는 간단히 말하면 '어떻게 하면 잘 먹고 잘살 수 있을까?' 하는 질문의 답이 차곡차곡 쌓인 거예요. 이 책에서는 인류가 오래전부터 경제 활동을 하며 던졌을 법한 질문 7가지를 뽑았어요. '물건을 편하게 사고팔 수 있을까?', '더 많은 물건을 빠르게 생산할 수 있을까?', '다른 나라와 거래를 할 수 있을까?'와 같은 물음들이죠. 그리고 각 질문을 따라 머나먼 고대부터 지금에 이르는 경제의 역사를 살펴봅니다. 사람들은 물건을 손쉽게 거래할 방법을 고민하다 시장과 돈을 만들었고, 제품을 더 빨리 만들 방법을 궁리하다가 공장과 로봇을 만들었어요. 이뿐만이 아니에요. 손안에서 바로 인터넷에 접속할 수 있는 방법을 찾다 보니 스마트폰까지 개발했어요. 그러니까 경제는 많은 독자가 오해하듯 어렵고 딱딱한 이야기가 아니에요. 우리 생활 곳곳에서 살아 숨 쉬고 있는 일상 그 자체죠.

시대가 변하면서 일상 속 경제도 바뀌어 왔어요. 물건으로 주고받던 거래 형태가 동전이나 지폐로, 신용카드로, 온라인 결제로 변화한 것처럼요. 그런데 이러한 변화는 저절로 이루어진 것이 아니랍니다. 그곳엔 항상 질문이 있었어요. 사람들은 현실에서 마주하는 다양한 문제를 어쩔 수 없는 것으로만 여기지 않았어요. 더 나은 방법이 없는지를 항상 질문했죠. 인류는 꼬리에 꼬리를 무는 질문을 던졌고, 해결책을 만들고, 그 해결책을 행동으로 옮기며 세상을 변화시켰어요. 오래전부터 시작된 질문이 화폐, 무역, 주식, 신용, 기술 등 여러 분야를 발전시키는 토대가 된 거예요.

물론 해결책이 늘 완벽한 것은 아니었어요. 때로는 잘못된 답을 내놓아 전 세계를 위험에 빠뜨리기도 했어요. 과거 유럽의 강대국들은 더 많은 부와 권력을 쌓고자 앞다투어 아프리카와 아메리카 대륙에 식민지를 세웠고, 이런 식민지 경쟁은 커다란 전쟁으로 이어졌습니다. 소련의 공산주의 실험은 한때 빈부 격차가 없는 세상을 꿈꾸는 사람들의 지지를 받았지만 결국은 실패로 돌아갔죠. 이렇듯 당시 많은 사람이 완벽하다고 믿은 방법이 세월이 흐르며 예상치 못한 결과를 낳기도 했습니다. 그리고 긴 시간이 흘렀음에도 여전히 답을 마련하지 못한 문제도 있고요. 하지만 이 모든 시행착오 덕분에 세상은 더 나은 방향으로 흘러왔어요. 이 책을 읽으며 미래의 새로운 문제에 우리가 어떻게 대응

해야 할지 스스로 질문을 던져 보세요. 그 방법은 새로운 형태의 화폐나 서비스일 수도, 애플리케이션이 될 수도 있겠죠? 자유롭게 상상해 보면 좋겠습니다.

이 책을 교과서를 읽듯 순서대로 읽을 필요는 없답니다. 차례를 보고 흥미롭게 느껴지는 장부터 펼쳐서 읽으면 돼요. 그리고 호기심이 생기면 또 다른 장을 펼쳐 읽는 거죠. 이렇게 한 장 한 장씩 책을 읽다 보면 어느새 머릿속은 쉽고 재밌는 경제 역사로 가득 차 있을 거예요. 이제 돈과 경제가 어떤 역할을 하며 세계 역사를 어떻게 바꾸어 왔는지 알아보러 갈까요?

결정적 질문 1

화폐
물건을 편하게 사고팔 수 있을까? 14

물물교환에서 화폐경제로 · 종이를 돈으로 삼는다 고? · 아이작 뉴턴과 금본위제의 탄생 · 달라진 지폐의 위상 · 영국 파운드화의 등장과 후퇴 · 미국 달러는 어떻게 세계를 지배했을까? · 암호 화폐, 지갑을 없애라 · 암호 화폐를 둘러싼 찬반 논란

결정적 질문 2

분업
생산성을 더 높일 수 있을까? 40

애덤 스미스와 '보이지 않는 손' · 생산성을 늘리는 핵심 열쇠 · 분업의 세 가지 장점 · 마르크스와 공산주의의 탄생 · 공산주의 실험은 어떻게 되었을까? · 헨리 포드와 컨베이어 벨트가 바꾼 세상 · 분업의 한계를 극복하라 · 세계의 공장이 된 중국 · 우리는 메이드 인 차이나 없이 살 수 있을까?

질문 난이도 ★☆☆

화폐

결정적 질문 ①

물건을 편하게

사고팔 수 있을까?

돈은 흔히 인류 최고의 발명품이라고도 합니다. 사실 처음에는 돈이 필요 없었어요. 사냥하고 채집하며 굶어 죽지 않을 만큼의 음식을 마련하는 시간이 계속되었기 때문이죠. 그러다 생산량이 증가하고 사람들은 갖고 있는 것을 서로 거래하길 원했습니다. 하지만 거래는 쉽지 않았고 '어떻게 하면 편하게 거래할 수 있을까?' 하는 질문이 생겨났죠. 돈은 그 질문에 대한 답이었습니다. 물론 돈을 특정한 누군가가 발명한 것은 아닙니다. 돈은 이름도 알 수 없는 역사 속 무수히 많은 사람들에 의해 태어났으며 끊임없이 모습을 바꿔 왔답니다.

물물교환에서 화폐경제로

원래 인류는 동물을 사냥하거나 식물을 채집하며 하루하루 먹고 살았습니다. 그러다 역할을 나눠서 일하기 시작했고, 생산성이 좋아짐에 따라 남는 생산물이 생겼습니다. 어느 날, 산에 사는 부족은 '바다 부족은 생선을 구워 먹는데 그 냄새가 매우 좋다'는 사실을 알게 되었습니다. 물고기를 얻고 싶었던 그들은 맨손으로 갈 수는 없으니 사냥한 동물 가죽을 들고 갔습니다. 바다 부족은 신기한 눈으로 가죽을 이리저리 살피더니 물고기 5마리를 건넸죠. 침략이나 전쟁 없이도 평화롭게 거래가 이루어진 것입니다. 이처럼 물건과 물건을 교환하는 행위를 '물물교환'이라고 해요.

하지만 물물교환은 한계가 뚜렷했습니다. 내가 원하는 물건을 상대가 갖고 있을 확률이 낮았습니다. 마침 거래가 필요할 때 떡하니 서로 마주칠 확률은 훨씬 낮았습니다. 물물교환 상대를 찾으러 하루 종일 떠돌아다닐 수도 없는 노릇이었죠. 이런 불편함 속에서 질문이 탄생했습니다.

'원하는 물건을 쉽게 구할 수 있는 방법은 없을까?'

해결 방법은 간단했습니다. 대다수 사람들이 선호하는 물건으로 교환하면 되는 것이었죠. 이윽고 카카오 씨, 조개껍

데기, 소금 등이 거래 수단인 '화폐'로 자리 잡았습니다. 화폐 덕분에 거래는 점차 수월해지고 빈번해졌습니다. 사람들이 많이 모이는 곳에 시장이 만들어지며 인류 문명은 빠르게 발전했습니다.

시간이 흐르자 사람들은 또다시 불편함을 느꼈습니다. 소금은 돌이 섞여 있기도 했고, 비가 오는 날이면 녹아 사라졌어요. 조개는 쉽게 깨져서 모양이 성한 것을 찾기가 어려웠죠. 마땅한 대상을 찾던 사람들 눈에 금, 은, 청동 등의 금속이 들어왔습니다. 금속은 시장에 유통될 만큼 양이 충분했고, 귀해서 누구나 갖고 싶어 했으며, 쉽게 위조할 수 없었죠. 화폐로 쓰기에 안성맞춤이었습니다. 하지만 닭 한 마리를 사기 위해 금덩이를 내놓을 수는 없었어요. 일일이 금속의 무게를 재는 일도 번거로웠죠. 그래서 사람들은 금속을 편하게 쓸 수 있도록 작게 가공했습니다.

규격과 무게를 통일한 최초의 동전은 기원전 7세기경, 오늘날 터키 서부 지역에 있던 리디아 왕국에서 탄생했습니다. 왕의 상징인 사자의 얼굴을 동전을 새겨 넣어 신뢰도를 높였고, 글을 모르는 사람도 그 가치를 알 수 있게 했죠. 리디아 왕국은 이웃 나라 페르시아에 의해 멸망했지만 이 작은 나라가 전 세계에 끼친 영향은 거대했습니다. 주변의 많은

규격화된 최초의 동전인 리디아 왕국의 호박금은 전 세계에 커다란 영향을 끼쳤어요.

나라가 리디아를 따라 동전을 만들었기 때문이죠. 로마 시대에 이르러서는 서양에서 동전 사용이 완전히 자리를 잡게 되었습니다.

종이를 돈으로 삼는다고?

동전은 지구 반대편 동양에서도 사용되었습니다. 그러던 서기 11세기경 중국 송나라 때였습니다. 경제가 폭발적으로 성장하면서 동전이 부족해지는 상황에 이른 것이죠. 부족하면 더 만들면 될 것 같지만, 전국 방방곡곡 광산을 찾아 금속을 캐려면 매우 오랜 시간이 걸렸습니다. 게다가 많은 양의 동전을 사용하기에는 보관과 운반이 불편하기도 했죠. 그래서 동전을 대신할 새로운 형태의 화폐가 등장했습니다.

종이로 만든 화폐인 '지폐'였습니다.

당시 송나라 상인들 사이에서는 이미 종이로 만든 '어음'이 유통되고 있었습니다. 어음이란 차나 소금 따위를 거래하면서 '언제까지 돈을 갚겠다'고 적어 놓은 문서입니다. 정부는 처음에 이러한 새로운 형태의 화폐를 단속하려고 했으나, 편리함을 깨닫고는 직접 인쇄해 유통하는 것으로 바꾸었습니다.

그렇게 송나라 정부는 세계 최초의 공식 지폐인 '교자'를 발행해 성공적으로 유통했습니다. 이후 송나라가 망하고 그 자리에 세워진 원나라 역시 '교초'라는 지폐를 발행했죠. 원나라는 지폐 사용을 정착시키기 위해 동전 사용을 아예 금지하고 교초만 유통했어요. 그래서 나라 전체에 교초가 사용되기 시작했죠. 원나라의 교초는 마르코 폴로의 《동방견문록》에 실려 유럽에 알려지기도 했습니다.

지폐는 매우 효율적인 화폐였지만, 머지않아 곳곳에서 문제가 터지기 시작했습니다. 위조지폐가 나오기 시작했고, 정부는 재정이 어려울 때마다 화폐 발행을 남발한 것이죠. 지폐의 가치가 땅바닥에 떨어지고 물가가 폭등한 것은 불 보듯 뻔한 일이었죠. 결국 사람들은 더 이상 지폐를 신뢰할 수 없게 되었고, 지폐는 곧 자취를 감추게 되었습니다.

마르코 폴로의 《동방견문록》

마르코 폴로는 이탈리아의 상업도시 베네치아에서 활동하던 무역상의 아들로 태어났습니다. 15살 때 아버지와 삼촌을 따라 원나라로 여행을 떠나 17년 동안 아시아 각지를 돌아다녔죠. 여행을 마치고 이탈리아로 돌아온 그는 《동방견문록》이라는 책을 펴냈습니다. 그는 책에 중국의 여러 문화와 함께 화폐에 대한 이야기도 담았습니다. "중국인들은 금화가 아닌 종이로 돈을 대신한다"라고요. 이를 읽은 유럽 사람들은 모두 비웃었다고 합니다. 한낱 종이 쪼가리를 귀한 돈으로 여기는 게 우스꽝스러웠기 때문이었겠죠.

이렇게 시장에 풀린 돈이 늘어 물가가 꾸준히 오르는 것을 '인플레이션'이라고 합니다. 인플레이션이 발생하면 가진 돈으로 살 수 있는 물건의 양이 줄어들어 돈의 가치가 떨어지죠. 예를 들어, 얼마 전까지 라면 두 봉지를 살 수 있던 돈으로 지금은 한 봉지도 사기 힘들어지는 것이에요. 과도한 인플레이션은 경제에 혼란을 가져다주기에 화폐를 발행할 때는 신중해야 합니다.

세월이 흘러 상황은 또 뒤바뀌었습니다. 오늘날에는 동전보다 지폐가 지니는 힘이 세죠. 지폐는 어떻게 사람들의 신뢰를 다시 얻을 수 있었을까요?

아이작 뉴턴과 금본위제의 탄생

금은 인류 역사를 통틀어 가장 중요한 화폐였습니다. 금은 기원전 7세기부터 화폐로 쓰였는데, 고대 이집트에서는 왕이 죽을 때 사후 세계에서 쓸 금빛 장신구와 금화를 함께 묻곤 했죠. 동서고금을 막론하고 세상 어느 것도 금만큼 확실하고 안정적인 가치를 지닌 것은 없었습니다. 물론 금만 귀한 것은 아니었죠. 17세기까지만 해도 유럽에서는 금과 은이 함께 쓰였습니다. 하지만 은이 한때 돈의 역할을 했다는 사실은 점점 잊혀 가고 있습니다. 금이 은을 몰아내고 영원한 주류로 자리 잡게 된 사연에서 우리는 익숙한 이름을 발견할 수 있습니다. 바로 아이작 뉴턴이죠. 떨어지는 사과에서 중력을 발견했다는 그 사람입니다.

뉴턴은 천재 물리학자로 알려져 있지만 사실 수학이나 물리학은 그의 취미일 뿐이었습니다. 영국 조폐국에서 일하던 뉴턴은 능력을 인정받아 국장 자리에 오르며 영국 금융계에 상당한 영향을 끼쳤습니다.

영국 정부는 당시 화폐 제조 책임자이던 뉴턴에게 새로운 화폐 제도를 만들라고 했습니다. 금속 화폐에 여러 문제점이 있었기 때문이죠. 일단, 금과 은은 무거워 대량으로 운반하기 힘들었습니다. 게다가 화폐를 훼손하는 양심 없는 사람들도 골칫거리였죠. 이들은 사포를 사용해 동전 테두리를 미세하게 깎았습니다. 티끌 모아 태산이라고, 부스러기만 모아도 엄청난 돈이 되었기 때문이죠. 오늘날 동전 가장자리에는 오

만유인력으로 유명한 아이작 뉴턴은 조폐국에서 일하면서 동전의 테두리에 돌기를 넣는 것을 발명했을 뿐 아니라 금을 지폐로 바꾸는 금본위제의 탄생에도 일조했어요.

돌토돌한 돌기가 있는데, 이 역시 뉴턴이 고안해 낸 장치입니다. 사포로 깎으면 티가 나게끔 한 것이죠.

뉴턴은 곧바로 문제를 해결할 방법을 고민했습니다. 그런데 한 가지 실수를 저지르고 말죠. 여러 계산을 하던 중 금의 가치를 은에 비해 너무 높게 책정해 버린 것입니다. 결국 영국의 은이 외국으로 빠져나갔습니다. 은을 외국에 팔면 영국보다 값을 후하게 받을 수 있었기 때문이죠. 이에 뉴턴은 금화를 유일한 화폐로 결정했습니다.

1717년, 뉴턴은 화폐 역사에 한 획을 긋는 아이디어를 설계했습니다. 금을 지폐로 바꾸는 '금본위제'를 떠올린 것입니다. 뉴턴의 설계는 100년 가까이 묻혀 있다가 19세기에 들어서야 영국 정부의 주목을 받기 시작했습니다. 미국 캘리포니아주, 오스트레일리아, 남아프리카공화국에서 엄청난 금광이 발견되었기 때문이죠.

금본위제를 풀어 설명하면 '금이 근본'이라는 뜻입니다. 쉽게 말해서 돈을 찍어 내고 싶다고 막 찍어 내는 것이 아니라 은행 창고에 금이 들어 있는 만큼만 돈을 찍어 낼 수 있다는 이야기이죠. 금본위제 이전의 '지폐'는 말 그대로 종이 쪼가리일 뿐이었습니다. 정부가 마음대로 발행량을 늘릴 수 있었기에 가치가 들쑥날쑥했고, 자연스레 사람들의 신뢰를

은행

은행은 알다시피 저축과 대출 등을 할 수 있게 해주는 금융기관
이죠. 그런데 왜 '금행'이 아니라 '은행'일까요? 화폐의 가치를
금에 두는 제도가 '금본위제'라면, 은을 기준으로 하는 것은 '은
본위제'입니다. 은본위제를 채택한 나라도 있었습니다. 과거의
중국(명나라, 청나라)이 대표적이죠. 중국은 명나라 이후 은본위제
가 정착되며 상업이 활발해졌습니다. 모든 경제에서 은이 중심이
었죠. 그리고 이때 처음 탄생한 금융기관을 '은행'이라고 불렀습
니다. 만약 당시 중국이 금본위제를 채택하고 있었다면, '은행'
이 아닌 '금행'이 되었을 거예요.

잃으며 제대로 된 화폐 역할을 할 수 없었습니다.

달라진 지폐의 위상

금본위제를 도입하고 나자 지폐의 위상이 달라졌습니다.
이제 '지폐'는 겉모습만 종이일 뿐 실제로는 금의 '교환권'이
나 다름없게 되었죠. 사람들은 정부가 지폐를 마구 발행하
면 어쩌나 걱정하지 않아도 되었습니다. 금본위제에서는 금

보유량을 넘어서는 만큼 지폐를 발행할 수 없었기 때문입니다. 가볍고 지갑에 수십 장씩 들어가니까 들고 다니기도 편리하며, 필요할 때 은행에서 진짜 금으로 바꿀 수 있으니, 이보다 멋진 화폐가 또 어디 있을까요?

영국은 가장 먼저 금본위제를 채택한 나라입니다. 1844년, 잉글랜드 은행이 금과 교환 가능한 지폐를 발행해 금본위제를 공식적으로 인정했습니다. 화폐의 단위는 '파운드'였고요. 당시 영국은 세계 곳곳에 식민지를 두고 있어 '해가 지지 않는 나라'로 불릴 만큼 강력한 힘을 갖고 있었죠. 지구 최강의 국가가 금으로 지폐(파운드)의 가치를 보장하자, 이웃 유럽 국가들도 잇따라 자국의 화폐를 금과 연동하기 시작했습니다. 자연스레 은은 화폐로서의 역할을 잃게 되었죠.

금본위제에는 두 가지 뚜렷한 장점이 있었습니다. 첫째는 물가 안정입니다. 원래 돈을 찍어 내면 물가가 오릅니다. 하지만 금본위제에서는 은행에 있는 금의 양만큼만 돈을 찍어 낼 수 있으므로 정부가 막무가내로 지폐를 찍어 낼 수 없죠. 따라서 갑작스럽게 물가가 뛸 가능성이 낮았습니다.

둘째는 세계 경제의 눈부신 발전입니다. 19세기는 산업혁명으로 전 세계가 연결되며 무역이 활발해진 시기입니다. 그런데 나라마다 서로 다른 화폐를 사용하고 있었기 때문에 화폐의 가치를 정하는 게 여간 복잡하고 어려운 일이 아니었습니다. 금본위제는 이런 문제를 말끔히 해결했습니다. 화폐의 가치를 금의 무게로 매겼기 때문에 이리저리 비교할 일도 없었죠. 무역이 편리해지자 교역량도 폭발적으로 성장했습니다.

하지만 금본위제 역시 완벽한 제도는 아니었습니다. 나라 경제가 좋아지고 물건이 많이 만들어지면 당연히 화폐 발행량도 늘어야 합니다. 하지만 금이 늘어나는 데는 한계가 있었기 때문에, 화폐 발행량은 턱없이 부족했습니다. 결국 돈이 없어 물건이 팔리지 않고 물가는 내려가는 등 서서히 경기가 가라앉기 시작했죠.

이렇게 물가가 지속적으로 떨어지는 상황을 '디플레이션'이라고 합니다. 인플레이션과는 반대되는 현상이죠. 물가가 떨어진다니, 얼핏 들으면 좋은 일 같지만 경제에는 나쁜 신호입니다. 물가가 떨어진다는 것은 소비자가 지갑을 열지 않는다는 이야기입니다. 즉 기업은 부도를 걱정하고 실업자가 생겨나죠. 결국 사람들은 앞날에 대한 불안감에 더욱 소비를 줄이게 되며 악순환이 반복됩니다.

영국 파운드화의 등장과 후퇴

돈이라고 다 똑같은 돈은 아닙니다. 돈에도 대장이 있습니다. 오늘날 대장 노릇을 하는 돈은 미국 달러입니다. 그러나 처음부터 미국 달러가 이토록 강한 힘을 가진 것은 아니었습니다. 달러 이전에 세계에서 가장 큰 힘을 지닌 화폐는 영국 파운드였습니다.

1588년, 엘리자베스 여왕이 이끄는 영국군은 스페인 무적함대를 물리치며 세계 최강의 해상 국가 자리에 올랐습니다. 이후, 영국은 세계 경제를 좌지우지했습니다. 당연히 영국의 파운드화는 무역의 기준이 되는 '기축통화'가 되었죠. 기축통화란 세계 어디에서나 자유롭게 통용될 수 있는 화폐를 말합니다. 하지만 영광의 순간은 길지 않았습니다. 파운드화의 전성시대는 두 번의 커다란 전쟁을 겪으면서 끝을 맞습니다.

영국의 권위와 금본위제를 뒤흔든 첫 번째 사건은 제1차 세계대전이었습니다. 1914년 사라예보에서 오스트리아 황태자 부부가 암살당하자, 당시 식민지 대결로 살얼음판을 걷고 있던 유럽의 긴장은 전쟁으로 터져 나왔습니다. 이 전쟁이 바로 제1차 세계대전입니다. 이로써 독일을 포함한 동맹국과 영국을 포함한 연합군이 무려 4년간 전쟁을 치렀습니다.

전쟁을 치르는 데는 어마어마한 돈이 듭니다. 그러나 금본위제라는 걸림돌 때문에 유럽 열강들은 마음대로 돈을 발행할 수 없었습니다. 결국 이들은 상황이 급박하다는 핑계로 금본위제를 중단해 버리고 화폐를 마구 찍어 냈습니다. 전쟁이 끝나고, 영국은 파운드화의 가치를 살리기 위해 각종 정책을 펼치며 부단히 노력했습니다. 하지만 미국에서 시작된 '대공황'으로 세계 경제가 수렁에 빠지며 이마저도 쉽지 않았습니다.

대공황은 1929년 미국에서 시작된 거대한 경기 침체를 말합니다. 제1차 세계대전 이후 전쟁 기간 동안 큰돈을 번 미국은 유례없는 호황에 접어들었습니다. 그러나 바다 건너 유럽 국가들은 심각한 경기 침체에 빠졌죠. 시간이 갈수록 국가 간 무역의 불균형이 심해졌고, 세계 경제는 불안정해졌습니다. 1929년 10월 24일, 미국에서는 주식 시장이 열리자마자 주가가 곤두박질쳤습니다. 이를 계기로 수만 개의 회사와 9,000개가 넘는 은행이 파산했습니다. 대공황의 먹구름은 미국에 그치지 않고 전 세계로 퍼져 나갔습니다.

영국과 파운드화에 대한 신뢰를 모조리 무너뜨린 두 번째 사건은 제2차 세계대전이었습니다. 1939년, 독일의 히틀러가 폴란드를 침공하며 세계는 또다시 전쟁 속으로 빨려 들어갔습니다. 이탈리아, 독일, 일본을 중심으로 한 추축국이 항복하며 1945년 전쟁은 마무리되었지만, 승자와 패자 모두 비참한 경제 상황을 맞이해야 했죠.

제2차 세계대전이 끝나 가던 1944년 7월 1일, 연합국과 식민지에서 온 대표단은 미국 뉴햄프셔주의 작은 휴양지인 브레턴우즈에 모였습니다. 독일과 일본의 패배가 거의 확실해진 상황에서 앞으로의 세계 경제 질서를 논의하기 위한 자리였죠.

이제 영국 파운드화가 설 자리를 잃었다는 것은 누가 봐도 분명했습니다. 영국이 가졌던 드넓은 식민지는 눈 녹듯 사라져 버렸고, 남은 것은 파산 직전의 국가 재정이었죠. 이런 영국이 세계 경제를 이끌 수 있을 리 만무했습니다.

미국 달러는 어떻게 세계를 지배했을까?

브레턴우즈 회의에 영국 대표로 참석한 사람은 세계적으로 유명한 경제학자 존 케인스였습니다. 그는 방코르^{Bancor}라

존 케인스

존 케인스는 영국의 세계적인 경제학자로, 대공황으로 위기에 빠진 자본주의를 살린 영웅으로 평가받습니다. 그는 정부가 나서서 가난한 사람들의 주머니를 채워 줘야 경제가 좋아진다고 주장했습니다. 케인스의 주장은 정책으로 받아들여졌고, 경제가 회복되는 좋은 결과를 가져왔습니다. 그는 20세기에 가장 큰 영향을 미친 경제학자로 인정받고 있습니다.

는, 기존에 없던 새로운 통화를 만들 것을 제안했습니다. 그러자 미국이 반박하고 나섰습니다. 유럽 대륙이 두 차례의 전쟁으로 쑥대밭이 되는 동안, 바다 건너 멀찍이 떨어져 있던 미국은 세계의 무기를 만드는 군수 공장 역할을 하며 승승장구했습니다. 특히 미국의 물자를 수입한 유럽 국가들은 대금을 금으로 결제했는데, 이 덕분에 엄청난 양의 금이 미국으로 흘러들어 갔죠. 한때 영국의 식민지였던 미국은 이제 세계 금 보유량의 70%를 차지한 국가가 되어 있었습니다.

미국은 달러를 기축통화로 받아들이는 나라에게는 해상무역을 보호해 주고 넓은 미국 시장을 개방하겠다고 약속했습니다. 이런 달콤한 제안을 거절할 나라는 없었죠. 결국 케인스의 주장은 힘을 잃고, 미국 달러가 국제 기축통화로 결정되었습니다. 다만, 금본위제의 영향으로 35달러를 금 1온스(약 28그램)로 교환 가능하다는 조건이 달렸습니다. 이때 정해진 통화 체계를 '브레턴우즈 체제'라고 합니다.

미국은 달러가 지구 곳곳에 퍼질 수 있도록 돈을 열심히 뿌리기 시작했습니다. 기축통화가 널리 퍼져야 무역이 활발해지기 때문이죠. 그러나 달러가 늘어날수록 불안감도 커져만 갔습니다. 이제 세계 각국에서는 '미국이 저 많은 달러를 다 금으로 바꿔 줄 수 있을까?' 하는 의심이 싹텄습니다. 가장 먼저 행동으로 옮긴 나라는 프랑스였습니다. 프랑스의 샤를 드골 대통령은 프랑스가 보유하고 있던 엄청난 양의 달러를 모두 금으로 바꿔 달라고 요구했습니다.

그러자 유럽의 각 나라들이 너도나도 금으로 바꿔 달라고 덤벼들었습니다. 금 보유량이 줄어드는 것을 보고 있을 수만은 없던 미국의 리처드 닉슨 대통령은 폭탄선언을 하기에 이릅니다. 그는 특별 담화를 열어 달러를 금으로 바꿔 주는 것을 중단하겠다고 발표했습니다. 너무나 충격적인 내용이었기에 이 사건을 '닉슨 쇼크'라고 부릅니다.

세계 경제는 어떻게 되었을까요? 혼란에 빠졌으리라 예상하겠지만 오히려 상황은 반대로 흘러갔습니다. 이제 막 경제가 회복된 나라들에게 과거로 돌아가는 것은 상상하기

금본위제 이전(위)과 이후(아래)의 달러입니다. 아래 달러를 자세히 살펴보면 하단에 "요구할 경우 금화로 받을 수 있다"라는 설명이 추가되었어요.

도 싫은 일이었습니다. 결국 이들은 미국의 조치에 따랐습니다. 비록 금으로 보증받지는 못하지만, 달러를 기축통화로 유지하는 데 동의한 것이죠.

이제 달러의 힘은 금이 아니라 오로지 미국의 힘에서 나오게 되었습니다. 달러는 막강한 미국의 경제력에 기대어 여전히 기축통화 역할을 하고 있지만, 만약 미국을 뛰어넘는 국가가 나올 경우, 언제든 기축통화의 위치를 내줘야 할지도 모릅니다.

암호 화폐, 지갑을 없애라

70년 이상 유지해 온 달러의 자리를 넘본 화폐는 아무도 예상하지 못한 다소 엉뚱한 것이었습니다. 마음만 먹으면 아무나 만들 수 있지만 눈에 보이지도 않고, 만질 수도 없으며, 오직 온라인에서만 사용 가능한 화폐이기 때문이죠. 이 화폐는 암호 화폐, 가상 화폐, 디지털 화폐 등 다양한 이름으로 불립니다. 얼핏 들으면 컴퓨터 장난 같은 암호 화폐가 달러에 도전할 줄 누가 알았을까요? 암호 화폐의 시작은 약 15년 전으로 거슬러 올라갑니다.

2008년, 대공황에 버금하는 금융위기가 찾아왔습니다. 그해 8월 15일, 150여 년 역사를 지닌 미국의 투자은행 '리먼 브러더스'가 파산했다는 소식이 세계를 강타한 것이죠. 역사상 가장 규모가 큰 이 파산은 곧바로 주식 시장과 부동산 폭락으로 이어졌고, 이를 '2008년 금융위기'라 부릅니다. 사실 징후는 전부터 있었습니다.

당시 미국은 오랫동안 호황을 누리고 있었습니다. 경제 상황이 좋으니 사람들은 저축보다 돈을 빌려 사업을 벌이거나 투자를 했습니다. 금융권에서는 고객에게 마음껏 돈을 빌려줬고, 심지어 신용도가 제일 낮은 사람들인 서브프라임에게도 돈을 빌려줬습니다. 그러나 경제 상황이 안 좋아지자 빌린 돈을 갚지 못하는 사람이 많아졌습니다. 그러자 이들에게 돈을 빌려준 금융 회사들도 도미노처럼 파산하기 시작했습니다.

이런 혼란스러운 상황을 지켜보며 새로운 세상을 꿈꾸고 계획한 사람이 있었습니다.

금본위제가 무너진 이후, 오늘날 통화 체계는 오직 '신뢰'를 바탕으로 굴러간다. 각국의 중앙은행은 화폐에 대한

2008년 금융위기 당시 리먼브러더스 은행의 파산은 전 세계에 충격을 주었습니다.

신뢰를 떨어뜨리지 않기 위해 노력해야 할 의무가 있다. 그런데 과연 그 의무를 제대로 하고 있는가? 그렇지 않다. 경제가 어려워지면 정부와 중앙은행은 입맛대로 돈 풀기만을 반복할 뿐이다. 더 이상 중앙은행만 믿을 수는 없다. 이제 필요한 것은 신뢰가 아니라 '암호'를 바탕으로 한 새로운 통화 체계다.

2008년 10월, 그는 자신의 생각이 담긴 논문을 온라인에 올렸습니다. 그리고 그의 손에서 새로운 화폐가 탄생했습니다. 바로 '비트코인'입니다. 사실 비트코인을 만든 게 사람인지 단체인지, 살았는지 죽었는지 아는 사람은 아무도 없습니다. 온라인에서 '사토시 나카모토'라는 이름을 사용했기 때문에 일본인 개발자라고 짐작할 뿐이죠. 어쨌든 중요한 사실은, 천재 프로그래머가 만든 화폐가 사람들의 신뢰를 얻으며 세상을 바꾸기 시작했다는 것입니다.

오늘날 우리가 돈거래를 할 때는 은행 같은 금융기관을 사이에 둡니다. 은행은 거래를 중앙 서버에 안전하게 보관하기 위해 전문가를 고용하고 기술을 개발하는 등 막대한 비용을 씁니다. 그런데 '암호화 기술'을 사용하면 이야기가 달라집니다. 거래 내역을 아무도 풀 수 없는 암호로 바꾸고,

거래자의 컴퓨터에 각각 저장하면 굳이 은행을 이용할 필요가 없는 것이죠. 이런 암호화 기술을 적용한 최초의 화폐가 바로 비트코인입니다. 지금은 1만 개가 넘는 암호 화폐가 유통되고 있으며, 각각 서로 다른 특징을 내세우며 경쟁하고 있습니다.

암호 화폐를 둘러싼 찬반 논란

현재 각국에서 암호 화폐는 뜨거운 논쟁거리입니다. 암호 화폐 도입을 찬성하는 사람들은 정부가 화폐 제도를 통제하는 것이 오히려 독이라 주장합니다. 정부가 잘못된 판단을 내릴 때마다 경제 위기가 터졌고, 개인의 재산은 물거품이 되었기 때문입니다. 또, 국경이 없다는 점도 장점으로 꼽힙니다. 일반 화폐는 나라마다 쓰는 종류도 제각각이고 가치도 달라서 교환할 때마다 환율을 계산해야 합니다. 하지만 암호 화폐는 사이버상에서 유통되어 세계 어디서나 가치가 같으므로 거래하기에 간편합니다.

한편 부작용도 만만치 않습니다. 개인이 마음만 먹으면 만들 수 있는 화폐를 과연 믿고 사용할 수 있을까요? 실제

암호화폐는 사이버 세계에 걸맞는 새로운 경제를 이끈다는 장점과 많은 부작용이 있다는 단점 사이에서 커다란 논쟁을 낳고 있어요.

로 암호 화폐를 돈벌이에 이용하는 범죄 때문에 수많은 피해가 생기고 있습니다. 또, 암호 화폐는 가격이 널뛰기 때문에 안정적으로 사용할 수 없습니다. 2016년 1,000달러였던 비트코인 가격은 2021년 7만 달러로 엄청나게 올랐지만 이후 반절 이상 뚝 떨어지기도 했습니다. 부작용을 우려한 세계 많은 나라들은 여전히 암호 화폐를 규제하며 신중한 입장을 취하고 있습니다. 정부의 통제를 벗어난 화폐 제도가 예상치 못한 많은 문제를 불러올 수 있기 때문입니다.

미래의 통화는 어떤 모습일까요? 과연 암호 화폐는 기존의 화폐를 밀어내고 세상을 지배하는 화폐로 자리매김할 수 있을까요? 아니면 잠깐의 유행으로 역사의 한 페이지를 장식하는 것에 그칠까요? 우리는 변화의 한가운데 서 있습니다. 한 가지 확실한 것은, 변화 속에 기회가 숨어 있다는 것입니다. 앞으로 암호 화폐와 관련 산업이 어떻게 발전하는지 관심을 기울이고 지켜본다면, 우리는 삶을 풍요롭게 만드는 다양한 기회를 발견할 수 있을 것입니다.

분업

생산성을

더 높일 수 있을까?

인류 역사상 국가가 생긴 이래로, 모든 국가들은 똑같은 고민을 해왔습니다. '어떻게 해야 더 부유한 나라가 될 수 있을까?' 이러한 고민은 숱한 주장을 낳았습니다. 전쟁과 약탈도, 중상주의 정책도 결국 국가를 잘살게 하려는 목적에서 비롯했습니다. 그러나 이 중 어느 것도 명쾌한 해답이 되지는 못했습니다. 애덤 스미스가 등장하기 전까지는 말이죠. 경제학의 아버지로 통하는 애덤 스미스는 그 누구도 생각하지 못한 새로운 질문을 던졌습니다. '어떻게 해야 더 많이 생산할 수 있을까?' 그리고 이 질문에 대한 답은 이후 세계의 모습을 완전히 바꿔 놓았습니다.

애덤 스미스와 '보이지 않는 손'

애덤 스미스는 영국의 철학자이자 경제학자입니다. 그는 경제학의 개념조차 만들어지지 않았던 시절부터 경제를 체계적으로 분석하고 규칙을 정리했습니다. 오늘날 우리가 발딛고 살아가는 자본주의 체제가 그의 펜 끝에서 탄생했다 해도 과언이 아닐 만큼 그의 영향력은 막강하죠.

18세기는 중세 봉건시대를 지나 막 자본주의로 진입하던 시기였습니다. 당시에는 수출이 많고 수입은 적을수록 나라가 부유해진다는 생각이 일반적이었습니다. 그래야 남는 장사라고 믿었기 때문이죠. 이런 사상을 '중상주의'라고 합니다. 중상주의 아래에서 국가들은 수입품에 '관세'를 물리는 등 서로 무역 장벽을 쳤습니다. 관세란 국가 간에 수출하거나 수입하는 물건에 매기는 세금이에요.

애덤 스미스가 보기에 중상주의는 문제가 많았습니다. 그 중 하나는 일부 기업과 상공업자들이 정부와 결탁해 무역을 독점하는 것이었습니다. 자유와 경쟁이 사라진 환경에서 대다수 국민들은 기득권의 장벽에 가로막혀 경제적 자유를 갖지 못했습니다. 그는 저서 《국부론》을 통해 자신의 주장을 정리했습니다.

대부분의 국민이 가난하고 비참한 상황에 놓여 있다면, 그 사회는 행복할 수 없으며 발전할 수도 없다. 진정한 부자 나라는 국민이 잘사는 나라다. 국민이 잘살려면 이들이 쓸 수 있는 물건이 풍족하게 생산되어야 한다. 그런데 국가가 무역을 막으면 어떻게 될까? 소수의 특권층만 좋은 물건을 갖게 되고 대다수 국민의 몫은 부족해진다. 이제 정부는 개인이 자유롭게 경제 활동을 하도록 내버려 두어야 한다. 그러면 '보이지 않는 손'이 작동해 시장이 알아서 굴러간다. 사람들은 돈을 벌기 위해 스스로 더 열심히 일할 것이다. 많이 생산된 물건은 외국에 팔아 돈을 벌고, 필요한 건 수입해서 쓰면 된다. 그게 국가가 부유해지는 유일한 방법이다.

애덤 스미스의 주장에서 가장 핵심적인 것은 '보이지 않는 손'이라는 개념입니다. 스미스는 개인이 자유롭게 경제 활동을 할 수 있도록 내버려두어야 한다고 주장했습니다. 하지만 '모든 사람들이 저마다 욕심을 부리면 사회 질서가 엉망이 되지 않을까?' 하는 걱정이 들 수도 있습니다. 스미스는 다행히 시장에는 '보이지 않는 손'이 있어서 괜찮다고 했습니다. 자유 시장에서는 생산자와 소비자 모두 자신에게 만족스러운 결과를 가져가는데, 이를 유지하는 힘을 일컬어 '보이지 않은 손'이라고 비유한 것이죠. 반대로 정부의 개입은 '보이는 손'이라 할 수 있습니다.

애덤 스미스는 '금을 쌓아 두는 나라가 부자'라던 기존의 생각을 뒤엎고 '물건을 많이 생산하는 나라가 부자'라고 이야기했습니다. 그렇다면 물건을 많이 생산하는 방법은 무엇일까요?

생산성을 늘리는 핵심 열쇠

하루는 애덤 스미스가 핀 공장을 방문했습니다. 그곳에서는 18명의 남성이 하루에 무려 4만 8,000개의 핀을 생산하고 있었습니다. 한 사람이 모든 과정을 맡아서 해낸다면 하루에 20개를 만들기도 어려운 것과는 엄청난 차이였습니다. 비결은 '분업'에 있었습니다. 공장에서는 핀 만드는 과정을 철사 길게 늘이기, 자르기, 뾰족하게 하기 등 18단계로 나누어 각자 역할을 맡아 하고 있었습니다. 일손은 똑같은데 과정을 나누어 맡은 것만으로도 생산량이 비약적으로 높아진 것이죠.

'분업'은 일을 나누어 하는 것을 의미하는 단어입니다. 오늘날에는 공장이나 회사에서 노동자들이 분업하는 게 당연합니다. 그러나 애덤 스미스가 살았던 시대에는 대부분 마을과 가정에서 모든 일을 직접 해내야 했습니다. 이런 가내수공업 형태에서는 생산되는 물건이 턱없이 부족했죠. 설령 물건이 만들어지더라도 품질이 들쑥날쑥했고, 값이 비싸 소수 계층만 질 좋은 물건을 살 수 있었습니다. 그러나 분업이 이루어지면, 생산량은 크게 늘어나게 되고, 모든 계층의 사람들에게 물건이 돌아갈 수 있습니다. 애덤 스미스는 분업이야말로 생산성을 높이는 핵심 열쇠라고 생각했습니다.

분업의 세 가지 장점

그가 보기에 분업은 세 가지 중요한 장점을 지니고 있었습니다. 우선, 분업을 하면 노동자들이 각 단계의 전문가가 되어 작업 속도가 빨라집니다. 또, 한 작업에서 다른 작업으로 넘어갈 때 낭비되는 시간을 줄일 수 있습니다. 그리고 매일 같은 작업을 반복하다 보면 일을 수월하게 할 수 있는 기계나 공구를 발명할 가능성이 높아집니다. 장점은 이뿐만이 아니었습니다. 분업이 활발해지면 생산량이 늘어나 물건을 사고파는 시장이 발달하게 되죠. 시장이 발달하는 곳에는 사람과 돈이 모여들었고 경제가 발전했습니다.

분업의 장점이 알려지자 영국의 공장들은 앞다투어 분업을 도입했습니다. 여기에 산업혁명으로 기계까지 도입되자 생산량은 엄청난 속도로 늘어났죠. 분업과 대량 생산은 자본주의의 발전을 성공적으로 이끌었습니다. 과연 모든 상황이 애덤 스미스가 주장한 대로 흘러가고 있었습니다.

그러나 분업은 얘기치 못한 문제를 불러왔습니다. 흔히

TIP

산업혁명

1776년 영국의 제임스 와트가 발명한 증기기관은 세상의 모습을 송두리째 바꿔 놓았습니다. 우선, 증기기관과 철이 만나자 수많은 기계가 만들어졌습니다. 기계는 상상할 수 없던 규모의 대량 생산을 가능하게 했습니다. 이윽고 철도가 생겼습니다. 철도는 영국을 넘어 유럽 전체를 거미줄처럼 연결했죠. 이러한 교통 혁명으로 세계의 무역 규모는 폭발적으로 성장했습니다. 이러한 변화의 시기를 산업혁명이라 부릅니다. 당시 농촌 인구 대부분은 일자리를 찾으러 도시로 향했는데, 부족한 일자리와 넘쳐 나는 노동자는 이후 다양한 사회 문제를 낳게 됩니다.

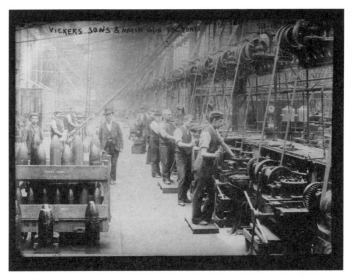

일을 단계별로 나누어 노동자들이 각자 맡은 일만 하는 분업은 산업 생산성을 획기적으로 높였습니다.

사람들은 새로운 문제나 도전을 마주할 때 눈을 반짝이고 창의력을 발휘합니다. 분업 환경에서는 그럴 일이 없었습니다. 노동자는 매일 쉽고 단순한 작업만 계속 반복했죠. 그러자 그들은 점차 창의력을 잃고 둔해졌습니다. 물론 애덤 스미스도 이런 부작용을 예상했습니다. 그는 이에 대한 대책으로 교육을 강조했습니다. 학교를 더 많이 만들고 교육을 늘리면 창의력과 개성을 발휘하는 데 도움을 줄 수 있다고 여긴 것이죠. 하지만 모든 것이 그의 뜻대로 흘러가지는 않았습니다.

마르크스와 공산주의의 탄생

산업혁명은 새로운 기술과 기계를 낳으며 경제에 엄청난 발전을 가져왔습니다. 그러나 자세히 들여다보면 실상은 그렇지 않았습니다. 노동자들의 삶은 크게 달라진 것 없이 여전히 비참했죠. 공장주들은 가난한 여성들과 어린이들을 싼값에 고용해 하루 16시간씩 일을 시켰습니다. 시끄럽고 냄새 나고 비위생적인 환경이었지만 아랑곳하지 않았죠. 작업 중에 일어나는 사고도 노동자 본인의 부주의로 여겼고 혹시나 문제가 생기면 쫓아내기 일쑤였습니다.

독일 출신의 언론인이었던 카를 마르크스는 노동자들이 처한 끔찍한 현실에 분노했습니다. 그리고 모든 문제의 원인이 자본주의에 있다 보고 경제 문제를 파헤치기 시작했습니다. 그의 사상적 동반자이자 경제적 후원자였던 프리드리히 엥겔스도 함께였습니다.

프리드리히 엥겔스는 공장주의 아들로 태어나 아버지의 공장에 근무하며 노동자가 처한 지독한 경제 상황을 처음 접했습니다. 이후, 자연스럽게 이들에 삶에 관심을 가진 그는 노동자를 위한 사상을 연구하며 마르크스와 만나게 되었죠. 부유했던 엥겔스는 가난한 마르크스가 연구에 전념할 수 있도록 경제적으로 지원해 주었습니다.

 엥겔스의 도움을 받으며 연구를 수행한 마르크스는 인류를 두 계급으로 나누었습니다. 하나는 토지, 공장 등의 생산 수단을 지닌 '자본가'이고, 다른 하나는 이들에게 시간과 노동력을 제공하고 돈을 받는 '노동자'였습니다. 그가 보기에 자본주의 사회는 노동자들에게 너무나 가혹하고 부조리했습니다. 감시와 지시가 가득한 작업 환경은 노동자의 창의성을 앗아 갔으며, 분업은 다른 사람들과 교류할 기회까지 빼앗았습니다. 심지어 경제적 이익은 대부분 자본가가 가져갔죠. 이렇듯 사회를 지탱하는 주춧돌인 노동자는 정당한 대가를 얻기는커녕, 오히려 인간의 고유한 특성마저 잃고 있었습니다.

 노동자가 혁명에서 잃을 것은 사슬뿐이요, 얻을 것은 전 세계다. 만국의 노동자여, 단결하라!

 마르크스와 엥겔스는 함께 〈공산당 선언〉이라는 선언문을 만들어 노동자들을 향해 외쳤습니다. 선언문은 순식간에 여러 언어로 번역되어 세계 각지로 퍼져 나갔습니다. 그러나 현실은 쉽사리 달라지지 않았습니다. 마르크스는 실망하는 대신 더 큰 뜻을 품고 연구에 매진했습니다. 그리고 인생

의 걸작이자 세계 역사의 물줄기를 바꾼 책《자본론》을 펴
냈습니다.

공산주의 실험은 어떻게 되었을까?

《자본론》은 한마디로 자본주의를 파헤치고 비판한 책입
니다. 마르크스는 이 책을 통해 자본주의가 저절로 무너질
것이라는 매우 과격한 주장을 내놓았습니다.

노동자는 기계에 밀려 일자리를 잃고 가난해진다. 노동자
가 물건을 살 수 없게 되면 어떻게 될까? 물건이 팔리지
않아 결국 자본가도 망하게 된다. 이렇게 무너진 세상을
일으킬 수 있는 건 다름 아닌 노동자다. 자본주의가 사라
진 자리에는 '공산주의'가 새롭게 자리 잡을 것이다.

공산주의는 모두 함께 생산하고 똑같이 나눠 가지는 사
회를 추구합니다. 부자도 가난한 자도 없으니 모두 평등하
게 잘 먹고 잘사는 세상이 될 것이라 말합니다. 현실에 불만
을 품고 변화를 바라는 이들에게 마르크스의 이러한 주장은

생산성을 더 높일 수 있을까?

초기 자본주의 사회의 모순을 지적한 카를 마르크스는 공산
주의 사회가 도래할 것이라고 주장했습니다.

새로운 희망이었습니다. 아무도 도와주지 않는 세상에 살고
있는 노동자들에게 공산주의는 구원의 동아줄이었죠.

　노동자들은 세상을 뒤엎을 기세로 들고 일어났습니다. 그
동안 공산주의를 터무니없는 것으로 여기던 유럽 국가들은
상황이 심상치 않음을 눈치챘습니다. 그러나 막기에는 이미
너무 늦었습니다. 마르크스가 세계 곳곳에 뿌려 놓은 불씨
가 이제 거대한 불길을 만들고 있었기 때문입니다.

　머지않아 인류 역사상 첫 공산주의 국가인 '소련'이 탄생

했습니다. 마르크스 사상에 깊은 영향을 받은 블라디미르 레닌은 노동자와 농민을 위한 정부를 만들자며 혁명을 일으켰습니다. 러시아의 마지막 차르인 니콜라이 2세를 쫓아내고 혁명이 성공하자 1922년 러시아를 중심으로 15개 국가가 모여 '소비에트연방공화국(소련)'을 세운 것이죠. 레닌이 그 초대 지도자가 되어 공산주의를 러시아 현실에 맞춰 수정하며 국가를 이끌었습니다. 그는 자본가의 토지와 회사, 공장을 빼앗아 모조리 국가 소유로 만들었고, 모든 산업과 경제 활동을 국가에서 통제하고 관리했습니다. 레닌의 성공은 이웃 나라 중국의 건국에도 영향을 주었습니다.

공산주의 실험은 어떻게 되었을까요? 처음에는 성공을 거둔 것처럼 보였습니다. 대공황으로 자본주의 국가가 무너져 갈 때 소련만큼은 영향을 덜 받고 성장할 수 있었죠. 1930년대에는 유럽 제1의 공업 국가가 되었으며, 1960년대에는 미국과 우주를 두고 경쟁할 만큼 대단한 기술력을 보유했습니다. 그러나 곧 한계에 다다랐습니다. 일반 상점에서는 기본적인 생필품조차 부족한 일이 잦았는데, 이는 국가가 모든 물건을 제대로 생산하기가 불가능하다는 사실을 보여 주었습니다. 또, 열심히 일해 봤자 보상이 없으니 사람들의 의욕은 점점 떨어져 갔습니다.

경제가 어려워지자 많은 공산주의 국가들이 붕괴하기 시작했습니다. 1991년에는 소련마저 해체하기에 이르렀죠. 중국, 베트남은 공산주의에 자본주의를 섞으며 각자 살길을 찾고 있습니다. 결국 모두 똑같이 잘살자는 공산주의 실험은 실패로 돌아갔습니다. 그렇다고 해서 마르크스의 고민과 업적을 무의미하다고 말할 수는 없을 것입니다. 더 나은 세상을 만들기 위해 노력하고 실패하고 다시 일어서는 과정을 반복하면서 우리 인류 사회는 앞으로 한 걸음 더 나아가고 있기 때문입니다.

헨리 포드와 컨베이어 벨트가 바꾼 세상

오늘날 우리나라 국민 2명 중 1명은 자동차를 갖고 있습니다. 전 세계에서 운행 중인 자동차의 총 대수도 15억 대가 훌쩍 넘습니다. 카를 벤츠가 처음 가솔린 자동차를 만든 100여 년 전만 해도, 자동차는 돈이 아주 많은 사람이나 탈 수 있는 부의 상징이었습니다. 소수의 뛰어난 기술자가 모든 과정을 수작업으로 만들었기 때문에 생산량이 적어 가격이 비쌀 수밖에 없었죠.

이때, 새로운 미래를 꿈꾼 사람이 있었습니다. 포드자동차의 사장 헨리 포드였습니다. 그는 5%의 상류층이 아닌 95%의 대중이 자동차를 타는 세상을 꿈꿨습니다. 숱한 반대와 비웃음을 샀지만 마침내 그는 자동차 대량 생산에 성공했습니다. 비결은 '컨베이어 벨트'에 있었습니다.

대중들이 자동차를 타기 위해서는 무엇보다 가격이 저렴해야 했습니다. 저렴한 가격으로 판매하려면 어떻게 해야 할까요? 답은 간단합니다. 공장에서 자동차를 더 많이 만들어 생산 가격을 떨어트리면 됩니다. 한마디로 규모의 경제를 실현하면 되는 것이죠.

규모의 경제

여러분이 커피숍 주인이라고 해봐요. 커피숍에는 커피 10잔을 팔든 100잔을 팔든 똑같이 드는 돈이 있습니다. 건물 임대료, 직원 인건비 등이죠. 임대료가 월 100만 원인데 커피 10잔을 팔면 한 잔 당 임대료는 10만 원인 셈입니다. 하지만 100잔을 팔면 한 잔 당 임대료는 1만 원으로 떨어집니다. 이처럼 생산량이 늘수록 단위 생산 비용은 줄어들게 됩니다. 그러면 커피 가격을 조금 낮추더라도 쉽사리 손해를 보지는 않죠. 이렇게 많이 생산할수록 유리해지는 현상을 규모의 경제라 합니다.

숱한 연구와 고민으로 세월을 보내고 있던 포드의 눈에 들어온 것은 시카고의 어느 도축장이었습니다. 당시 도축장에서는 단계별로 손질된 고깃덩어리를 천장에 설치된 기계에 매달아 노동자에게 옮겼습니다. 노동자는 자기 앞으로 오는 고깃덩어리만 처리하면 되었기 때문에 움직일 필요가 없었죠. 이 덕분에 생산성이 놀라울 정도로 높았습니다.

1913년, 포드는 도축장의 컨베이어 시스템을 자동차 공장에 그대로 도입했습니다. 작업장을 옮겨 다니며 일하던 노동자들이 이제는 한자리에 서서 컨베이어 벨트가 쏟아내는 부품을 단순 가공하기 시작했습니다. 결과는 상상을 초월했습니다. 자동차 1대를 조립하는 시간이 5시간 50분에서 1시간 33분으로 줄어들게 된 것입니다. 1914년에는 무려 24초에 1대가 만들어질 정도로 발전했습니다. 생산 속도가 빨라지자 자동차 가격도 팍 떨어졌습니다. 새롭게 내놓은 '모델 T'의 가격은 850달러로, 당시 자동차 평균 판매 가격 2,000달러의 절반에도 미치지 않았습니다. 가성비가 뛰어난 '모델 T'는 불티나게 팔려 나갔고, 포드의 바람대로 자동차는 점차 인간 생활의 필수품이 되었습니다.

분업의 한계를 극복하라

포드의 공장에는 찬사가 쏟아졌습니다. 경제학자들은 애덤 스미스가 강조한 분업을 제대로 꽃피웠다며 포드를 추켜세웠습니다. 하지만 부작용도 만만찮았습니다. 포드는 엄격한 관리를 위해 두 가지 원칙을 만들었습니다. "첫째, 1초 이상 걷지 않는다. 둘째, 결코 몸을 구부리지 않는다." 이러한 극단적인 분업 환경은 당시 공장 노동자에게는 형벌이나 다름없었죠. 종일 컨베이어 벨트 앞에 서서 작업하는 단순 반복 노동이 이어지면서 그들은 각종 질병에 시달려야 했습니다. 자연스럽게 얼굴은 무표정하고 무기력하게 변했습니다. 끊임없이 돌아가는 컨베이어 벨트 앞에서 인간 역시 하나의 기계 부품으로 전락해 버린 것입니다. 공장에서는 감독관을 고용해 노동자가 한눈팔지 못하도록 했으며, 조금이라도 시간을 끌면 고함을 쳤습니다. 생산 속도는 점차 빨라졌지만 노동자가 나가떨어지는 속도 역시 빨라졌습니다. 급기야 분업의 효율이 떨어지는 현상까지 나타났습니다.

당시의 유명 코미디언이자 영화배우인 찰리 채플린은 작품을 통해 이러한 현상을 비판했습니다. 20세기 초반을 풍미한 영국 출신의 전설적인 배우인 채플린은 1936년 자신이 감독하고 연기한 영화 〈모던 타임스〉를 발표했습니다. 영화의 주인공인 찰리는 아침부터 밤까지 공장에서 나사를 조이는 일을 했습니다. 공장 사장은 계속 빠르게 생산하라 지시하고, 잠깐 쉬는 것도 내버려두지 않았죠. 결국 찰리는 나사처럼 생긴 것은 뭐든지 조이려는 정신병에 걸려 결국 해고되고 말았습니다. 이 작품은 사회적으로 큰 주목을 받았으며, 이후 각계각층에서 이 문제를 해결하기 위해 나서게 되었습니다. 특유의 유머와 사회를 비판하는 날카로운 시각을 결합한 채플린은 〈모던 타임스〉뿐 아니라 〈위대한 독재자〉 등

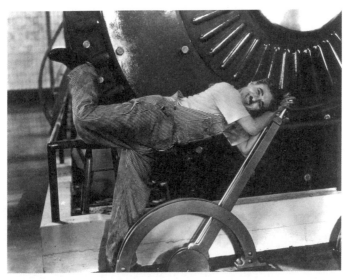

찰리 채플린의 〈모던 타임스〉는 똑같은 일만 반복하는 공장 노동자의 모습을 통해 현대 사회의 모순을 비판했어요.

수많은 명작을 남겼습니다.

포드 자동차는 문제를 해결하기 위해 노동자에게 주는 돈인 임금을 올렸습니다. 당시 노동자들은 하루 12시간 일하고 2달러 남짓 받았는데, 포드는 8시간 노동에 5달러로 임금을 파격적으로 인상했습니다. 그러자 포드 공장에 취업하기 위해 인력이 몰려들었습니다. 다른 회사들 역시 가만히 있지 않았습니다. 인력을 빼앗기지 않기 위해 월급을 올리고 노동 환경을 개선하는 등 복지에 신경 쓰기 시작한 것이죠. 기업들은 분업의 장점을 살리는 동시에 근로자의 복지를 높이는 다양한 방법을 도입했습니다.

포드가 성공시킨 '더 싸게, 더 많이' 만드는 대량 생산 시스템은 자동차를 넘어 의류, 식품 등 산업 전반으로 확대되었습니다. 이 시스템 덕분에 미국은 세계 최대의 대량 생산과 대량 소비가 가능한 국가가 되어 인류 역사상 가장 풍요로운 사회로 나아갔습니다.

100여 년이 흐른 지금도 우리는 여전히 컨베이어 벨트의 시대를 살고 있습니다. 달라진 점이 하나 있다면, 벨트 앞에 서 있는 사람들은 점점 사라지고, 그 자리를 인공지능을 탑재한 로봇이 차지하고 있다는 것입니다.

세계의 공장이 된 중국

　뜨거운 열기를 내뿜으며 세계 경제를 움직이던 엔진은 1970년대 들어 두 차례의 석유 파동을 겪으며 차게 식어 가고 있었습니다. 원유 가격이 빠르게 오르면서 물가는 뛰어올랐고 성장률은 마이너스를 기록하는 등 세계적인 불황이 찾아왔습니다. 이때, 선진국과는 반대로 잠자고 있던 엔진에 시동을 건 나라가 있었습니다. 과거에 세상의 중심을 외쳤으나 초라한 공산국가가 되어 버린 중국입니다.

석유 파동

　'오일 쇼크'라고도 부르는 석유 파동은 세계 경제를 뒤흔들었습니다. 1973년 중동에서 전쟁이 발발하자 석유를 생산하는 산유국들은 일방적으로 원유 가격을 올리고 생산을 줄이는 석유 무기화 정책을 펼쳤습니다. 이로 인해 석유 가격이 단기간에 4배나 오르고, 전 세계가 경제적 타격을 입었습니다. 이를 '1차 석유 파동'이라 합니다. 1978년에는 이란이 정치적인 문제로 석유 수출을 중단하면서 '2차 석유 파동'이 발생했습니다. 시장에 석유 공급이 줄어들자 가격은 급상승했고, 우리나라는 해방 이후 처음으로 경제 성장이 꺾이는 위기를 겪었습니다.

당시 중국은 세계 무대에서 존재감을 잃어버린 지 오래였습니다. 1950년 마오쩌둥의 공산당은 오랜 혼란을 수습하고 중화인민공화국을 세웠습니다. 중국은 진정한 공산국가를 실현하겠다는 명목으로 대약진운동을 펼쳤는데, 결국 실패로 돌아가며 수천만 명이 굶어 죽었고 경제는 후퇴했습니다. 자본주의 국가들과 교류하지 않던 중국이 변화를 맞이한 것은 마오쩌둥이 죽은 지 2년 후인 1978년의 일이었어요.

치열한 권력 투쟁 끝에 새로운 지도자가 된 덩샤오핑은 개혁·개방 정책을 추진하면서 오랜 시간 잠겨 있던 중국의 문을 열어젖혔습니다. 덩샤오핑이 중국의 새로운 지도자로 취임할 당시, 중국은 심각한 경제난에 시달리고 있었습니다. 그는 '검은 고양이든 흰 고양이든, 쥐만 잘 잡으면 좋은 고양이'라는 뜻의 '흑묘백묘론'에 바탕을 둔 정책을 추진하며 사회주의와 자본주의의 조화를 시도했습니다. 실용주의에 바탕을 둔 과감한 정책 덕분에 덩샤오핑은 중국 개혁·개방의 아버지로 불리게 되었습니다.

덩샤오핑이 등장한 이후 세계 기업들은 중국이 지닌 엄청난 잠재력에 열광했습니다. 당시 많은 기업들이 인건비와 물가 급등으로 골머리를 앓고 있었기 때문입니다. 이들에게 중국 시장은 절호의 기회였죠. 값싸고 풍부한 노동력, 넓은

땅, 낮은 임대료까지 갖춘 중국은 물건을 생산하기에 안성맞춤이었습니다.

기업들은 앞다퉈 중국에 공장을 짓기 시작했습니다. 해외의 거대 자본이 물밀 듯이 들어온 덕분에 중국은 별 볼일 없던 개발도상국에서 '세계의 공장'으로 변신했습니다. 어떤 물건이든 중국을 거치지 않는 경우는 거의 없었습니다. 오늘날 우리가 쓰는 물건에 메이드 인 차이나^{made in china}라고 적힌 중국산이 많은 것도 이런 까닭입니다.

우리는 메이드 인 차이나 없이 살 수 있을까?

중국과 분업해 성공을 이룬 대표적인 기업이 바로 '애플'입니다. 휴대폰, 노트북 등 전자기기 회사로 잘 알려진 애플 제품에는 다음과 같이 쓰여 있습니다.

Designed by Apple in California. Assembled in China.

말 그대로 제품 디자인과 설계만 미국에서 할 뿐, 조립과 생산은 거의 중국에서 이루어집니다. 애플은 제품 생산의 대부분을 '폭스콘'이라는 회사에 맡겼습니다. 폭스콘은 대만 회사인데, 중국에 공장을 지어 이곳에서 애플의 제품을 생산합니다. 인건비가 저렴하기 때문이죠. 애플과 폭스콘은 철저한 분업을 통해 둘 다 세계적인 기업으로 성장했습니다.

이처럼 중국을 중심으로 한 국제 분업이 활발해지면서 세계 경제는 다시 엔진에 불을 붙였습니다. 우리나라 역시 중국에 이웃해 있으면서 많은 혜택을 입었죠. 물론 가장 큰 수혜를 입은 나라는 중국입니다. 중국은 세계 최대 빈곤국에서 세계 두 번째의 경제 대국으로 껑충 성장했습니다.

하지만 여전히 바뀌지 않는 현실이 있습니다. 바로 노동자의 삶이죠. 애덤 스미스가 처음 분업 이론을 정리한 이래 노동자의 인권은 끊임없이 문제가 되었습니다. 그러나 돈을 벌어다 주는 분업 앞에서 노동자 인권 문제는 미뤄지고 등한시되었습니다.

2010년 한 해 동안 중국 폭스콘 공장에서는 노동자 14명이 스스로 목숨을 끊었습니다. 가혹한 노동 착취 때문이었죠. 모든 노동자는 한 가지 작업을 맡아 매일 12시간씩 일하며 한 달에 한 번 쉬었습니다. 10분 이상 화장실에 가거나 근무 시간에 잡담을 나누면 경고를 받았습니다. 그렇게 일해서 받는 월급은 약 26만 원 남짓이었습니다. 폭스콘 공장

'세계의 공장'이 된 중국은 이제 단순한 경공업을 넘어 소프트웨어 산업의 중심지로 성큼 다가섰습니다. 사진은 세계적으로 유명한 IT 기업들이 모여 있는 공업구인 다롄 소프트웨어 파크입니다.

의 노동 실태가 세계적으로 논란이 되자 회사는 창문에 창살을 달았습니다. 노동자들의 투신을 막기 위한 조치였을 뿐, 근본적인 해결책은 마련하지 않았습니다. 여전히 중국은 '노동자가 주인이 되는 진정한 공산국가'를 꿈꾼다고 선언합니다. 그러나 현실과 이상의 괴리는 좀처럼 좁혀지지 않고 있습니다.

중국이 세계의 공장이 된 지 어느덧 30년이 지났습니다.

이제 상황은 변하고 있습니다. 중국의 경제 성장으로 노동자들의 임금이 빠르게 상승한 것이죠. 이에 많은 기업이 중국을 떠나 베트남, 인도 등 인건비가 더욱 저렴한 국가로 공장을 옮기고 있습니다. '세계의 공장'에서 나오는 굴뚝 연기도 점차 줄어들 전망입니다.

분업이 인류 사회에 황금빛 미래를 가져다주었다는 사실은 부인할 수 없습니다. 일을 나누면 나눌수록 효율은 높아졌고 더 많은 돈이 쏟아져 들어왔습니다. 하지만 분업의 뿌리는 결국 사람에 있다는 사실을 망각하곤 했습니다. 나의 작업은 곧 다른 사람의 작업으로 이어지고, 한 나라의 생산물과 다른 나라의 생산물이 이어집니다. 이처럼 인간 사회의 모든 경제 활동은 상호 의존적이라는 사실을 잘 이해할 때, 지구촌의 미래는 더욱 밝고 따뜻해질 수 있을 것입니다.

무역

다른 나라와

거래를 할 수 있을까?

15세기 유럽에서는 비단, 도자기, 향신료 등 동양에서 구할 수 있는 물건의 인기가 하늘을 찔렀습니다. 유럽의 동방 무역은 비잔틴 제국이 지중해를 장악했을 때까지는 순조롭게 이루어졌습니다. 하지만 이슬람 세력인 오스만 제국이 1453년 비잔틴 제국을 무너뜨리면서 상황이 바뀌었습니다. 오스만 제국은 지중해를 장악했고, 곧이어 페르시아를 거쳐 인도로 가는 동방 무역을 독차지했습니다. 유럽 국가들의 무역로가 막혀 버린 것입니다. 이제 동방의 물건을 사려면 울며 겨자 먹기로 이슬람 상인들이 요구하는 비싼 값을 치를 수밖에 없었습니다. 결국 이들 국가는 커다란 고민에 빠지게 되었습니다. '우리 이제 무역 어떻게 하지?'

지구는 둥글다

막강한 오스만 제국의 등장으로 유럽 국가들은 '새로운 무역로 개척'이라는 엄청난 과제를 떠안게 되었습니다. 오스만에게 함부로 덤빌 수 없으니, 돈을 벌기 위해서는 직접 향신료 산지까지 가서 직접 거래해야 했죠. 가장 먼저 움직인 나라는 유럽 대륙 가장 서쪽에 있던 포르투갈이었습니다. 포르투갈은 아프리카 서부 해안선을 따라 인도로 가는 새로운 바닷길을 개척하려 했습니다. 그 결과, 아프리카 대륙 최남단 '희망봉'을 발견하는 의미있는 성과를 거두기도 했죠.

그때 등장해 세계 역사를 바꾼 인물이 있습니다. 이탈리아 출신의 젊은 청년 크리스토퍼 콜럼버스입니다. 지구가 둥글다는 코페르니쿠스의 지동설을 믿었던 그는 동쪽으로 가는 길은 막혔으니 서쪽으로 쭉 가다 보면 인도와 중국이 나올 것이라 생각했습니다. 콜럼버스는 곧바로 포르투갈 왕을 찾아가 계획을 설명하고 지원을 요청했습니다. 그러나 사기꾼 취급을 받으며 단칼에 거절당했습니다.

콜럼버스는 옆 나라 스페인의 여왕을 찾아갔습니다. 그는 "서쪽으로 가면 포르투갈의 항해사 바스쿠 다가마보다 더 빨리 인도에 도착할 수 있습니다"라며 후원을 요청했습니다. 당시 스페인은 대륙으로 세력을 넓히는 오스만 제국과 바다로 세력을 넓히는 포르투갈 사이에 끼어 있었기에 무역 항로 개척이 시급한 상황이었습니다. 뾰족한 수가 없던 스페인 이사벨 여왕은 고민 끝에 제안을 수락했습니다. 1492년, 스페인의 지원을 받은 콜럼버스는 서쪽으로 모험을 떠났습니다.

콜럼버스는 서쪽으로 가면 아무것도 없을 것이라 생각했습니다. 당시 유럽인들은 아메리카 대륙의 존재를 몰랐기 때문입니다. 그런데 서쪽으로 향하던 길이 막혀 버렸습니다. 바로 아메리카 대륙이 있었던 것이죠. 콜럼버스는 죽을 때까지 그곳이 인도인 줄 알았습니다. 그토록 찾아 헤맸던 후추는 발견하지 못했지만, 그는 그저 자신이 후추가 있는 지역을 찾지 못했을 뿐이라 여겼죠.

콜럼버스가 아메리카 대륙에서 고군분투하는 동안, 포르투갈의 바스쿠 다가마는 실제 인도에 무사히 도착해 후추를 한가득 실어 왔습니다. 4척의 배로 떠나 단 2척으로 돌아오긴 했지만, 투자금의 무려 60배에 달하는 이익을 챙겼습니다.

크리스토퍼 콜럼버스는 근대의 유럽 탐험가 중 가장 먼저 아메리카 대륙을 밟았지만, 죽을 때까지 그곳이 인도라고 생각했어요.

대항해 시대가 펼쳐지다

　스페인과 포르투갈이 빠르게 대양으로 눈을 돌린 덕분에 큰 이익을 거머쥐자 다른 나라들도 가만히 있을 수 없었습니다. 이들의 성공을 목격한 영국, 네덜란드 등의 이웃국가들도 너도나도 바다에 배를 띄우기 시작했습니다. 바야흐로

다른 나라와 거래를 할 수 있을까?

'대항해 시대'가 열린 것입니다.

대항해 시대에 접어들면서 서로의 존재조차 알지 못했던 각 문명과 대륙들이 본격적으로 연결되어 진정한 의미의 세계사가 시작되었습니다. 바닷길을 개척한 유럽 국가들은 물론이고 신대륙까지 역사적인 변화를 맞이했습니다. 그런데 피해 국가 입장에서는 침략자들의 유입일 뿐이므로 '신항로 개척'이라는 중립적인 용어로 쓰기도 합니다.

1522년, 스페인의 페르디난드 마젤란이 이끈 함대가 최초의 세계 일주를 성공적으로 마쳤습니다. 배 1척에 실린 향료만으로 모든 비용을 메꾸고도 이윤이 남자, 스페인의 젊은이들은 일확천금의 꿈을 꾸고 아메리카로 떠났습니다.

이때부터 모든 행운이 스페인을 비추고 있는 것처럼 보였습니다. 아메리카 대륙에서 금광과 은광이 발견된 덕분에 스페인은 상상할 수 없는 엄청난 부를 손에 넣었습니다. 스페인어에는 '어마어마한 대박'이라는 뜻으로 발레르 운 포토시valer un Potosi라는 관용어가 있습니다. 우리말로는 '포토시만큼 가치가 있다'는 뜻인데, 여기 나오는 '포토시'는 수백 년 동안 엄청난 양의 은을 캐냈던 은광입니다. 스페인은 벌어들인 돈을 군사력에 투자해 세계 최강의 해군을 키워 냈습니다. 해군 덕분에 스페인은 16세기 내내 최고의 전성기를 누렸죠.

　신대륙 발견이 스페인에게는 축복이었을지 모르지만 아
메리카 원주민에게는 대재앙의 시작이었습니다. 신대륙의
귀금속에 눈이 멀었던 유럽의 개척자들은 원주민들을 무자
비하게 학살하고 약탈했습니다. 노예 무역도 벌였습니다.
유럽 국가들은 아프리카에서 노예를 사들여 아메리카 설탕

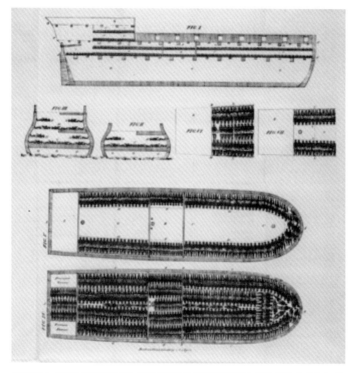

4층짜리 노예선의 설계도입니다. 유럽 국가들은 아프리카에서 노예를 사들여 아메리카로
보냈습니다.

농장으로 보냈습니다. 그곳에서 재배된 설탕은 다시 유럽으로 들어왔습니다. 이러한 삼각무역 덕분에 유럽 국가들은 막대한 돈을 벌어들였습니다. 대항해 시대부터 19세기 말까지 아프리카에서 대서양을 건너 아메리카에 도착한 노예는 1,600만 명이 넘었습니다.

수많은 사람들이 흘린 피와 눈물 때문일까요? 신대륙에서 들어온 금과 은은 스페인에 먹구름을 드리웠습니다. 시장에는 많은 돈이 돌았지만 물건이 부족해 물가가 빠르게 올랐습니다. 사람들이 물가가 저렴한 외국에서 물건을 사오기 시작하면서 스페인의 금과 은은 빠르게 해외로 빠져나가

TIP
삼각무역

삼각무역은 주로 유럽, 아프리카, 아메리카를 잇는 무역을 일컫습니다. 삼각무역의 주력 상품은 다름 아닌 '노예'였습니다. 삼각무역으로 가장 큰 이득을 본 국가는 영국이었습니다. 영국의 배는 아프리카에서 노예를 사들여 아메리카로 이동했습니다. 그리고 아메리카 사탕수수 농장에 노예를 판 뒤, 설탕과 럼주를 가득 싣고 다시 영국의 항구로 되돌아왔죠. 영국은 17세기 후반부터 삼각무역의 형태로 150년간 340만 명의 노예를 실어 날랐고, 이를 통해 번 돈은 공업 발전의 밑천이 되었습니다.

기 시작했습니다.

스페인 귀족들은 원주민에게서 빼앗은 풍요를 누리느라 정신이 팔려 있었습니다. 국왕은 넘쳐 나는 돈을 주체하지 못해 계속 전쟁을 일으키고 패배하길 반복했습니다. 결국 스페인 왕실은 파산했고 내리막길을 걷게 되었죠. 스페인은 대항해 시대를 열어 막대한 부를 차지했지만, 그 부를 활용하지 못하고 금세 시들어 버렸습니다.

중상주의 국가 프랑스

"짐이 곧 국가다"라는 유명한 말을 남긴 프랑스의 루이 14세는 유럽의 대표적인 군주였습니다. 그는 권력을 과시하기 위해 전쟁과 사치에 많은 돈을 썼는데, 비용은 은행과 국민들의 주머니에서 나오는 세금으로 충당했습니다. 그러나 국민들을 쥐어짜는 것만으로는 사치스러운 생활을 유지하기에 한계가 있었습니다. 돈을 더 벌려면 어떻게 해야 할까 궁리하던 왕에게는 마침 유능한 신하가 있었습니다.

장 바티스트 콜베르는 루이 14세 시절 재무장관이었습니다. 그는 무역, 특히 수출을 통해 금과 은이 들어오면 왕의 재산도 늘어날 것이라 조언했습니다. 왕의 두터운 신임을 등에 업은 콜베르는 중상주의를 바탕으로 한 경제 정책을 추진했습니다. 단순히 금과 은을 프랑스로 들여오는 데 그친 것이 아니었습니다. 그는 경쟁력 있는 상품을 만드는 것이 더 중요하다고 판단해 전문 기술을 지닌 외국인들을 적극적으로 데려오고 상품 품질을 엄격하게 관리했습니다. 이러한 노력 덕분에 프랑스산 사치품은 당대 유럽에서 최고로 인정을 받았죠.

콜베르의 경제 개혁은 비어 있던 국고를 가득 채워 주었고, 프랑스가 유럽의 강대국이 되는 데 크게 이바지했습니다. 루이 14세는 든든한 재정적인 기반을 바탕으로 절대 왕권을 세울 수 있었습니다. 프랑스의 성공 사례를 본 다른 유럽 나라들은 이를 본떠 적극적으로 중상주의를 받아들였습니다. 이후 중상주의는 300년간 유럽을 지배했습니다. 그러나 이는 소수의 특권층의 삶만 살찌울 뿐이었습니다. 국고에 금과 은이 가득 쌓여 있어 봤자 국가는 부강해질지 몰라도 일반 국민들의 삶은 나아지지 않았습니다. 오히려 불평등이 심해져 반발의 기운이 생겨날 뿐이었죠.

중상주의는 금과 은을 축적하는 일을 가장 중요하게 여겼습니다. 귀금속이 많을수록 국가가 부유해지고 왕권이 튼튼해진다고 생각했기 때문입니다. 그래서 유럽 왕정들은 무역을 엄격하게 통제했습니다. 금과 은이 유출되는 것을 막기 위해 수입은 되도록 하지 않고 수출만 하려 한 것이죠. 당연히 무역이 제대로 이루어질 리 없었습니다. 이때, 중상주의에 문제를 제기한 사람이 등장했습니다. 앞에서 만난 애덤 스미스였습니다.

대세에 오른 자유무역

애덤 스미스는 중상주의를 강하게 비판했습니다. 국민 생활을 풍요롭게 만드는 방법을 심도 있게 연구한 그는 '자유무역'에 답이 있다고 주장했습니다. 자유무역은 자유로운 교역이 거래국 모두에게 이익이 된다는 이론입니다. "수입과 수출 모두 활발히 해야 더 잘살 수 있다"라는 스미스의 주장은 "수출만이 살길"이라고 이야기하는 중상주의를 흔들었습니다. 뒤를 이어 등장한 데이비드 리카도는 스미스의 주장에 힘을 실어 주었습니다.

영국의 경제학자인 리카도는 '비교우위론'으로 자유무역의 장점을 설명했습니다. 그의 비교우위론에 따르면, 각 나

애덤 스미스는 자유로운 무역이 모든 나라에 이익이라는 자유무역을 주장했습니다.

라가 상대적으로 우위에 있는 산업에 집중해서 무역하면 더 큰 경제적 발전을 이룰 수 있었죠. 우리나라로 예로 들면 이해하기 쉽습니다. 우리나라는 반도체 생산에 집중하고 의류는 대부분 해외에서 수입해 사용합니다. 우리나라에 옷 만드는 기술이 없어서가 아닙니다. 한정되어 있는 시간과 돈을 가치 높은 일에 쓰는 것이 더 큰 이익을 가져다주기 때문입니다.

스미스와 리카도의 경제학이 자리를 잡은 이후 영국은 서서히 자유무역의 길을 걷기 시작했습니다. 이전까지 세계무역 대국들이 모두 중상주의 정책을 통해 부를 얻었던 것과는 정반대의 행보였습니다. 결과는 대성공이었습니다. 세계 제조업 생산에서 영국이 차지하는 비중은 1760년 1.9%에서 1860년 19.9%로 늘어났습니다. 영국은 '세계의 공장'이라는 별명이 붙은 첫 번째 나라가 되었습니다.

그렇다면 당시 우리나라에서는 어떤 일이 일어나고 있었을까요? 우리 역사에도 자유무역의 장점을 파악하고 설파한 이가 있습니다. 조선시대 실학자 박제가입니다. 그는 '조선판 국부론'이라 불리는 《북학의》를 썼습니다. 네 차례 청나라에 다녀온 박제가는 조선이 못사는 이유를 자유무역을 하지 않는 데서 찾았습니다. 그는 무역을 키우고 상업을 발전시켜야 조선이 부유하고 강해진다고 주장했습니다. 하지만 성리학적 이념이 팽배했던 당시 사회에서 그의 주장은 너무나 급진적이었기에 받아들여지지 않았습니다.

자유무역은 여러 차례 위기를 겪었습니다. 국가들은 경제가 어려워질 때마다 무역 장벽을 높이고 교역을 줄이며 과거 중상주의로 돌아가는 모습을 보였습니다. '일단 나부터 살고 보자'는 생각이었죠. 하지만 이런 '보호무역'은 문제를 해결하기는커녕 오히려 경제를 깊은 수렁에 빠뜨리는 더 큰 부작용을 가져왔습니다. 즉 보호무역이란 국가가 개입하는 무역 형태를 말해요.

인류 역사상 최악의 비극으로 알려진 제2차 세계대전의 근본적인 원인 역시 보호무역에 있었습니다. 미국은 대공황의 해법으로 보호무역을 택했습니다. 수입하는 농산품과 공업 제품에 관세를 부과한 것이죠. 이에 교역국들은 보복 관세로 대응했고, 미국에서 시작된 보호무역주의는 점차 세계로 퍼졌습니다. 세계 경제는 더욱 악화의 길로 접어들었습니다.

이러한 상황은 특히 독일에 엄청난 재앙이었습니다. 제1차 세계대전에서 패배한 독일은 승리한 국가들에 어마어마한 금액의 돈을 물어 줘야 했습니다. 이 배상금을 갚느라 이미 경제가 파탄 나버린 독일에게는 가라앉는 세계 경제가 엎친 데 덮친 격이었습니다. 이때, 히틀러가 등장했습니다. 히틀러는 절망에 빠진 국민들의 분노를 이용해 승승장구했고 전쟁까지 일으킬 수 있었습니다.

이처럼 자유무역이 오늘날 대세로 자리 잡은 배경에는 인류의 숱한 희생이 있었습니다. 세계는 미흡하고 불완전하기는 하지만, 자유무역을 확대하기 위해 지혜를 모으고 있습니다. 그 노력의 결실이 1995년 만들어진 세계무역기구^{WTO}입니다. 세계무역기구는 국가 사이에 경제 분쟁이 일어났을 때 이를 심판해 경제 질서를 유지하는 데 도움을 주는 국제기구로, 2023년 현재 우리나라를 포함해 총 164개 나라가

가입되어 있습니다.

1997년 아시아 경제 위기를 겪은 뒤에는, 나 혼자 살고 보 겠다는 과거의 실수를 되풀이하지 않기 위해 선진국과 신흥 경제 강국이 함께 'G20'이라는 모임을 만들어 세계 경제 문 제를 논의하고 있습니다. G20은 세계 경제를 이끄는 미국, 일본 등 7개 나라에 대한민국을 비롯한 12개 신흥국 및 유 럽연합을 더한 20개 나라의 모임을 말합니다. 해마다 각국 정상들이 모여 세계 경제 문제 극복을 위한 다양한 방안을 논의하죠. G20에서 선택하는 방안은 매우 큰 영향력을 발휘 합니다. 물론 경제 문제에 완벽한 해법은 없습니다. 하지만 G20를 비롯한 여러 국가의 협력을 통해 세계는 함께 위기 를 넘기고 있습니다.

경제를 위해 시작된 식민지 쟁탈전

유럽 국가들은 산업혁명으로 폭풍 같은 경제 성장을 이루 어 냈습니다. 그러나 갈수록 치열해지는 경쟁 때문에 점차 이윤이 떨어지고 있었습니다. 문제를 해결하기 위해서는 두 가지 방법이 있었습니다. 첫째는 원료를 더욱 싼 값에 구하는 것이고, 둘째는 넘쳐 나는 물건을 팔 수 있는 시장을 개척하는 것이었습니다. 고민 끝에 내놓은 해결책은 아시아와 아프리카를 식민지로 삼는 것이었습니다. 결국 세상은 식민지 땅따먹기로 얼룩진 '제국주의' 시대로 접어들었습니다.

제국주의란 한 국가가 무력으로 다른 국가를 제압해 지배하는 정책을 말합니다. 대항해 시대 이후부터 유럽 국가들은 아프리카와 아시아에 있는 약소 국가들을 침략했습니다. 특히 19세기부터 20세기 초에 이르기까지 제국주의는 온 세상을 뒤덮었습니다.

제국주의가 이토록 기승을 부렸던 첫째 이유는 경제적 요인입니다. 당시 유럽은 과잉 생산으로 공황을 되풀이하고 있었습니다. 물건은 넘쳐 나지만 구입할 사람은 정해져 있으니 불황이 닥친 것이죠. 이때 식민지가 새로운 돌파구로 떠올랐습니다. 식민지에 공장을 세우고 현지의 값싼 노동력과 원료를 사용해서 세계에 판매하면 더 많은 수익을 올릴 수 있을 터였습니다.

둘째 이유는 정치적 요인입니다. 유럽은 산업혁명 이후 다양한 사회 문제를 안고 있었고, 서민들의 불만도 커져 가고 있었습니다. 이에 국가는 사회 질서를 유지하고 국민을 통합하고자 '민족주의'라는 카드를 꺼내 들었습니다. '우리

민족은 강하고 우월하다. 식민지 정복을 통해 우리의 힘을 세계에 드러내 보이자'는 메시지는 국민들의 애국심과 자긍심에 불을 지폈고, 국가 내부의 결속을 다지는 데 도움을 주었습니다.

해가 지지 않는 나라, 영국

식민지 쟁탈전에서 가장 앞서 나갔던 국가는 영국이었습니다. 영국은 1607년 아메리카 식민지 건설을 시작으로 세력을 계속 넓혀 갔습니다. 빅토리아 여왕이 재위하던 1837~1901년에는 세계 육지 면적의 4분의 1, 본토의 100배에 달하는 영토를 지배하는 최전성기를 누렸습니다. 이에 영국은 '대영제국' 혹은 '해가 지지 않는 나라'로 불리며 제국주의의 대명사가 되었습니다.

영국이 아프리카 대륙을 차지하는 데는 세실 로즈라는 인물의 공이 컸습니다. 그는 "우리가 세계를 더 정복할수록 인류에게는 더 이득이다"라고 말할 만큼 공공연한 제국주의자였습니다. 그의 활발한 개척 사업 덕분에 영국은 아프리카의 많은 식민지와 부를 안을 수 있었습니다. 이처럼 그는 조국인 영국에서는 당대 가장 존경받는 위인 중 하나로 꼽히지만, 식민 지배를 당한 국가 입장에서는 침략자이자 인종차별주의자로 악명을 떨칩니다. 반인권적인 식민 정책을 펼치며 많은 착취와 수탈, 강제 노동, 고문을 벌였기 때문입니다.

참을 수 없는 제국주의의 민낯

19세기 후반에는 영국 외에도 수많은 나라가 세력 팽창에 나섰습니다. 프랑스는 인도차이나 반도, 네덜란드는 인도네시아, 미국은 필리핀을 식민지로 지배했습니다. 아시아에서는 유일하게 일본이 제국주의 국가였습니다.

식민지가 되어 버린 국가들은 원하든 원하지 않든 국제 분업의 한 자리를 차지하게 되었습니다. 하지만 이들은 세계 경제에서 철저한 '을'이었습니다. 영국과의 무역을 거부한 청나라는 아편전쟁으로 힘을 잃었고, 쇄국정책을 펼쳤던 조선 역시 일본에 의해 강제로 개항했습니다.

제국주의 국가들은 싼값에 식민지의 원료를 가져가고 노동력을 착취했습니다. 자국에서 팔리지 않는 물건을 비싸게 식민지에 넘기며 자유무역의 원리 역시 철저히 파괴했습니다. 대표적으로 인도는 18세기까지만 해도 면직물 수출 대국이었습니다. 목화솜으로 짠 물건들을 해외에 활발하게 수출했죠. 하지만 19세기 이후 영국을 위해 목화솜을 값싸게 공급하는 식민지로 전락해 버렸습니다. 당연히 오랜 세월 다져 온 면직공업의 기반도 무너졌습니다.

유럽 열강은 원하는 것을 얻기 위해 수단과 방법을 가리지 않았습니다. 가장 악명 높은 사례가 벨기에 레오폴드 2세

아편전쟁

1800년대 중반, 영국은 청나라로부터 많은 양의 차와 도자기 등을 수입하고 있었습니다. 청나라는 무역 대금을 오로지 은으로 받았기 때문에 영국의 은은 청나라로 계속 흘러들어 갔죠. 영국은 무역 적자를 메우기 위해 비열한 방법을 동원했습니다. 식민지 인도에서 생산되는 마약인 아편을 중국에 팔기 시작한 것이죠. 아편 중독 문제로 사회가 혼란에 빠지자, 청나라는 아편 수입을 금지했습니다. 이에 격분한 영국은 함대를 파견하고 전쟁을 일으켰습니다. 이 전쟁이 바로 아편전쟁입니다. 1840년과 1856년 두 차례에 걸쳐 일어난 전쟁은 청의 압도적인 패배로 끝났습니다. 결국 청은 5개의 항구를 개방하고 홍콩을 영국에 넘기는 수모를 당하고 말았죠.

제국주의를 풍자한 그림입니다. 서구 열강들이 중국을 차지하기 위해 서로 다투는 모습을 나타냅니다.

의 콩고 대학살입니다. 레오폴드 2세는 콩고 원주민들을 속여 고무 생산에 투입했습니다. 19세기 말 자전거 유행과 자동차 산업의 발전으로 고무 수요가 기하급수적으로 늘었기 때문이죠. 그러나 고무 수액 채취가 너무 힘든 작업이었던 탓에 사람들이 점차 일하기를 기피하자, 레오폴드 2세는 온갖 끔찍한 방법을 동원했습니다. 남녀노소 할 것 없이 할당량을 채우지 못하면 신체를 절단하거나 죽였는데, 20년 동안 1,000만 명 넘는 콩고인이 숨진 것으로 추정됩니다.

열강들의 욕심은 끝이 없었습니다. 점령하고 있는 식민지에 만족하지 못했던 이들은 다른 나라의 식민지까지 넘보

게 되었습니다. 영국과 프랑스는 아프리카를 나누어 차지하는 과정에서 마찰을 빚었습니다. 독일은 모로코를 둘러싸고 프랑스와 대립했습니다. 러시아와 일본은 조선을 두고 전쟁을 벌였습니다. 자연스럽게 국제 정세에는 긴장감이 맴돌았고 이들 사이에 얽히고설킨 실은 점차 팽팽하게 당겨지고 있었습니다.

1914년 6월 28일, 사라예보에서 울린 총성은 팽팽해져 있던 실을 끊어 버렸습니다. 19살 세르비아 청년이 오스트리아 황태자 부부를 쏘아 죽인 것이었습니다. 오스트리아는 세르비아에 선전포고를 했습니다. 그러자 러시아, 프랑스가 세르비아를 돕고 독일이 오스트리아를 편들고 나섰습니다. 그리고 8월 1일, 제1차 세계대전이 시작되었습니다.

제1차 세계대전의 근본 원인은 제국주의에 있습니다. 식민지를 많이 보유하고 있던 국가(영국, 프랑스)와 그렇지 못한 후발 제국주의 국가(독일, 이탈리아, 오스트리아)의 갈등이 폭발한 사건이기 때문이었습니다. 전쟁은 4년간 이어졌고 유럽 대륙은 쑥대밭이 되었습니다. 제국주의로 승승장구했던 유럽 국가들이 제국주의가 불러온 전쟁으로 무너졌다는 사실이 의미심장하게 다가옵니다.

나폴레옹의 대륙 봉쇄령

　제국주의의 물결 위에서 세계는 다시 보호무역으로 돌아갔습니다. 노골적인 보호무역주의를 드러낸 사람은 다름 아닌 나폴레옹이었습니다. 1804년 프랑스 황제 자리에 오른 나폴레옹은 유럽의 패권을 차지하고자 했습니다. 하지만 영국이 걸림돌이었죠. 나폴레옹은 영국 경제를 망가뜨리기 위해 '대륙 봉쇄령'이라는 카드를 꺼내 들었습니다. 영국을 오고 가는 모든 배를 감시하고, 영국과 교역하면 적으로 간주했습니다.

　나폴레옹은 대륙 봉쇄령이 통할 것이라 생각했습니다. 당시 영국 경제에서 무역이 차지하는 비중이 높았는데, 영국의 해상 교통을 막으면 무역에 치명타를 날릴 수 있다는 판단이었죠. 실제로 대륙 봉쇄령 때문에 영국 경제는 심각한 위기에 몰렸습니다. 그러나 재밌는 사실은 프랑스의 피해가 더욱 컸다는 점입니다. 러시아가 대륙 봉쇄령을 어기고 영국과 무역을 하자 분노한 나폴레옹은 러시아를 공격했습니다. 하지만 러시아군에 대패하고 곧 몰락하고 말았죠.

　한편, 대륙 봉쇄령으로 이득을 본 나라도 있었습니다. 산업혁명에 뒤쳐져 있던 나라들이었죠. 영국 물건에 의존하고 있던 국가들은 이제 스스로 공장을 만들고 물건을 생산해야 했고, 그 덕분에 자국 산업을 발전시킬 수 있었습니다. 오늘날에도 경제가 어려울 때마다 여러 나라들이 보호무역 카드를 만지작거리는 이유도 이때의 경험 때문입니다.

보호무역의 유혹

보호무역은 역사 속에서 여러 차례 고개를 내밀었습니다. 오늘날 자유경제의 대표 격인 미국조차 한때 지독한 보호무역을 실시한 적이 있습니다. 영국의 식민지로부터 벗어난 미국은 초대 재무부 장관 알렉산더 해밀턴의 주장에 따라 보호무역을 실시했습니다. 자국의 산업을 키워 영국으로부터 경제적으로 독립하기 위해서였죠. 이때 미국이 매긴 수입 관세는 무려 40~50%에 달했습니다.

독일 역시 보호무역으로 눈부신 경제 성장을 이룬 나라입니다. 독일은 정치 문제를 해결하느라 뒤늦게 산업혁명에 뛰어들었습니다. 독일의 재상 오토 폰 비스마르크가 경제 정책을 어떻게 펼칠지 고민하고 있을 때, 경제학자 프리드리히 리스트가 등장했습니다. 그는 자유무역이 독일의 발전을 막는다고 주장하며 관세를 통해 독일의 산업을 보호해야 한다고 말했습니다. 비스마르크는 리스트의 주장을 받아들여 보호무역 정책을 펼쳤고, 이후 독일 경제는 영국을 넘볼 정도로 발전했습니다.

경제는 장벽을 허물 때 성장한다

1930년 대공황이 시작되자 미국은 자국 산업을 보호한다는 명분으로 수입품에 대한 관세를 크게 올렸습니다. 문제는 다른 나라들도 가만히 있지 않았다는 것이죠. 다른 나라들도 일제히 미국산 제품에 대한 관세를 높이고 나섰습니다. 이러한 조치 탓에 미국의 수출액은 뚝 떨어졌고 나아가 세계 무역이 얼어붙었습니다. 결국, 세계 경제는 더욱 깊은 늪에 빠져들었습니다.

아르헨티나 역시 보호무역으로 망가진 나라입니다. 지금은 쉽게 상상이 가지 않지만, 20세기 초반만 해도 아르헨티나는 세계에서 손꼽히는 부유한 국가였습니다. 하지만 1940년대부터 시작된 '페론주의'가 나라를 휩쓸면서 경제는 망가졌습니다. 페론주의란, 당시 대통령이던 후안 페론의 경제 정책입니다. 그는 경제를 살린다는 명목으로 관세를 올리며 나라 빗장을 걸어 잠그는 보호무역을 택했습니다. 이후 아르헨티나 경제는 급속히 무너졌고 위기 때마다 국가 부도를 선언하는 후진국으로 추락하고 말았습니다.

자유무역과 보호무역은 밀물과 썰물처럼 서로 왔다 갔다 했습니다. 그러던 2018년, 보호무역이 다시 세상을 강타했습니다. 미국의 트럼프 정부는 자유무역 탓에 값싼 수입 제품이 밀려 들어와 미국 공장이 사라지고 사람들은 일자리를 잃고 있다고 주장했습니다. 미국은 특히 중국을 지목했습니다. 중국은 미국과의 교역을 통해 큰 이익을 얻어 세계 두 번째 경제 대국으로 성장했습니다. 이에 트럼프 정부는 중국산 제품에 높은 관세를 매기기로 결정했습니다. 중국 역시 미국산 제품의 관세를 올리며 보복했습니다. 서로 죽고 죽이는 무역 전쟁은 계속되고 있습니다.

보호무역으로 돌아가려는 움직임은 자유무역 정착을 위한 지난 수십 년간의 노력을 훼손하고 세계 경제 성장을 위협하고 있습니다. 역사는 보호무역보다는 자유무역이 더 많은 부를 만들어낼 수 있다고 말합니다. 결국, 경제는 무역장벽을 쌓아서가 아니라 장벽을 허물고 서로 협력해야 살릴 수 있습니다.

신용

믿음만으로 경제 활동을

할 수 있을까?

은행은 돈을 맡거나 빌려주는 일을 중심으로 다양한 금융 서비스를 제공하는 기관입니다. 돈거래의 바탕에는 '신용'이 있죠. 신용은 상대를 믿고 의심하지 않는 것을 의미합니다. 은행이 처음 등장한 곳은 14세기 이탈리아였습니다. 당시 이탈리아는 지중해 무역의 거점으로 상업과 무역이 크게 발달하고 있었습니다. 이 과정에서 베네치아, 피렌체는 거대한 상업도시로 성장했습니다. 무역 규모가 커질수록 오고 가는 돈도 걷잡을 수 없이 커졌습니다. 이제 사람들은 돈거래를 믿을 만한 곳에서 전문적이고 안정적으로 하길 원했습니다. 이때, 사람들의 불편함을 해결하며 등장한 새로운 서비스가 은행입니다.

신용 경제의 뿌리가 된 가문

세계 각지의 물건을 실은 선박들이 드나들던 항구에는 다른 곳에서 볼 수 없는 직업을 가진 사람들이 등장했습니다. 이들은 환전상으로, 서로 다른 지역의 화폐를 교환해 주거나 돈을 맡고 빌려주는 일을 했습니다. 주로 탁자 위에 화폐를 펼쳐 놓고 일했는데, 당시 탁자를 뜻하던 단어 방카 banca는 오늘날 은행을 의미하는 영어 단어 뱅크 bank의 어원이 되었습니다.

크고 작은 환전상 사이에서도 단연 두각을 나타낸 인물이 있었습니다. 이탈리아 도시국가 피렌체공화국의 로렌초 데 메디치였습니다. 작은 규모의 환전업에서 벗어나 사업을 키우고 싶었던 메디치는 교황청을 찾아갔습니다. 당시 교황청에는 세계 각지에서 거둔 헌금이 몰려들었기 때문에 오고 가는 돈의 규모가 일반 시장과는 차원이 달랐습니다. 메디치는 사업 수완을 발휘해 로마 교황청의 공식 환전상이 되었고, 세계 곳곳에 메디치 은행 지점을 설치하며 신뢰와 명성을 쌓아 갔습니다.

메디치 가문은 이러한 시장 장악력을 바탕으로 르네상스의 중심에 우뚝 섰습니다. 르네상스는 '재생, 부활'을 뜻하는 말입니다. 중세에 위축되었던 예술과 문화가 되살아났다는 뜻이죠. 메디치 가문은 막대한 부를 바탕으로 예술가, 건축가, 철학자, 과학자를 두루 후원했습니다. 이들의 후원을 받은 대표적인 인물이 예술사에 위대한 발자취를 남긴 미켈란젤로, 레오나르도 다빈치입니다. 세계 최초의 공공 도서관도 메디치 가문 덕분에 탄생했습니다.

메디치 가문은 특히 '환어음'을 바탕으로 은행 사업을 키워 나갔습니다. 환어음이 무엇인지 알려면 우선 '어음'을 알

베노초 고촐리의 <동방박사의 행렬>(1459년경)이라는 그림이에요. 그림 곳곳에 메디치 가문의 주요 인물들을 그려 넣은 것으로 보아 이 가문의 힘이 얼마나 막강했는지 알 수 있어요.

아야 합니다. 물건을 사면 그 자리에서 돈을 주는 것이 기본입니다. 만약 돈을 가져오지 않았다면 다음에 와서 사면 되죠. 그런데 집에서 멀리 떨어진 곳에 물건을 사러 왔다면 어떨까요? 다시 집에 갔다 올 수도 없는 노릇이죠. 이때 등장한 게 바로 어음입니다. 어음은 '언제 어디서 돈을 주겠다'는 약속이 적힌 일종의 외상 증표입니다. 아랍 상인들이 발명한 어음을 이탈리아로 들여온 것은 환전상들이었죠.

'환어음'은 어음에 제3자가 개입한 것을 말합니다. 예를 들어 보겠습니다. 이탈리아 상인 피콜로가 프랑스에서 물건을 구입했습니다. 피콜로는 프랑스 상인에게 어음을 발행하려 했습니다. 멀리 프랑스까지 금화를 싣고 오기엔 너무 무겁고 강도를 당할 위험이 있었기 때문이죠. 그러자 프랑스 상인이 말합니다.

"이렇게 합시다. 나에게 어음을 주지 마시오. 마침 내가 이탈리아 상인 마르코에게 줄 돈이 있소. 내가 어음을 발행해 줄 테니, 이탈리아로 돌아가서 마르코에게 돈을 대신 주면 어떻겠소?"

여기서 새로 발행된 어음이 바로 '환어음'입니다. 메디치 가문은 세계 곳곳에 있는 메디치 은행을 통해 국제 환어음을 처리하며 막대한 부를 축적했습니다. 메디치 은행을 시작으로 유럽 곳곳에 거대 은행들이 속속 생겨났으며, 은행은 점차 정돈된 형태를 갖추기 시작했습니다.

신용은 양날의 검입니다. 거래를 편리하게 해주지만 믿음이 깨지면 모든 것이 무너지죠. 어음 역시 외상이었기에 떼먹힐 위험이 있었습니다. 메디치 가문은 신용 때문에 성장했으나 결국 신용 때문에 몰락의 길을 걸었습니다. 3대째 이어온 메디치 은행은 영국 국왕에게 거액을 대출해 주었으나 돌려받지 못하며 파산의 길로 접어들었습니다. 메디치 은행이 파산하자 피렌체의 르네상스도 쇠퇴했습니다.

은행이 돈을 버는 방법

비록 메디치 은행은 사라졌지만, 세계 곳곳에서 은행업은 나날이 발전했습니다. 근대적 은행은 17세기 영국에서 시작되었습니다. 이 무렵 영국에서는 상업이 발달하면서 귀금속이 많아진 상인들이 도난·분실을 막기 위해 세공업자에게 귀금속을 맡겼습니다. 세공업자는 보관료를 받고 상인들에게 보관증을 주었죠. 그런데 이 보관증을 시장에서 어음처럼 쓰기 시작한 사람들이 생겨났습니다. 보관증만 있으면 세공업자를 찾아가 귀금속을 받을 수 있었기 때문입니다. 이런 관행이 자리 잡으면서 오늘날 우리가 볼 수 있는 은행의 형태가 만들어졌습니다.

은행은 어떻게 돈을 벌까요? 돈을 버는 방법이야 다양하지만, 가장 기본이 되는 방법은 '예금'과 '대출'을 이용한 것입니다. 예를 들면 이렇습니다. 은행은 A에게 돈 100만 원을 빌려주었습니다(대출). 물론 공짜는 아닙니다. 빌려주는 대신 이자 4%를 받습니다. 그렇다면 A에게 빌려준 돈은 어디서 나온 걸까요? 사실 은행은 B가 예금으로 맡겨 놓은 100만 원을 A에게 빌려주었습니다. 남의 돈을 빌려줘도 되냐고요? 그래도 됩니다. 은행은 나중에 돈을 찾으러 온 B에게 원금

이자

은행에 돈을 맡기거나 빌릴 때 우리는 이자를 꼭 확인합니다. 이자는 '금리'에 따라 달라지죠. 금리란 돈의 가격입니다. 즉 물건을 사고팔 때 돈을 주고받듯이 돈을 빌리고 빌려줄 때도 돈이 필요합니다. 현재 금리는 각 나라의 중앙은행이 결정하는데, 시중에 돈이 너무 많이 풀려 있으면 금리를 올려 사람들의 저축을 유도합니다. 이와 반대로 경기가 침체되면 금리를 내리죠. 투자를 활발하게 해서 경제에 활력을 불어넣기 위해서입니다.

100만 원과 이자 2%를 보태어 주면 되기 때문입니다. 가운데서 생긴 2%의 차익은 은행이 차지합니다. 한마디로, 은행은 자기 돈 한 푼 들이지 않고 돈을 벌 수 있는 셈입니다. 공짜 돈이라 생각할 수 있지만 신용 위에서 아슬아슬한 줄타기를 한 대가라 생각하면 마냥 공짜는 아닙니다.

'돈 놓고 돈 먹기'가 가능하다는 장점 때문에 은행이 우후죽순 생겨나 금융 질서가 혼란해지자 은행을 관리하는 '은행의 은행'이 필요해졌습니다. 그렇게 정부에서 관리하는 '중앙은행'이 등장했습니다. 중앙은행에는 일반 은행에는 없는 특권이 있습니다. 바로 돈의 양을 조정하는 기능입니다. 중앙은행은 시중에 돈이 너무 많이 풀리면 금리를 올려 돈을 거둬들이고, 돈이 부족하면 금리를 낮춰 물가를 조절합니다. 우리나라에서는 '한국은행'이 중앙은행의 역할을 하고 있습니다.

국가도 돈을 빌린다

가정에서 살림을 꾸리거나 기업이 사업을 하다 보면, 가지고 있는 돈보다 많은 돈이 필요할 때가 있습니다. 이때 은행 문을 두드려 대출을 받으면 급한 불을 끌 수 있습니다. 그렇다면 이보다 훨씬 큰돈이 필요한 국가는 어떻게 할까요? 국가 역시 나라 살림을 하다가 돈이 부족해지면 돈을 빌립니다. 물론 한두 푼이 아닌 천문학적인 액수이기 때문에 은행이 빌려줄 수 없습니다. 그래서 '채권'을 활용합니다.

채권은 '언제까지 이자를 얼마 더해 돈을 갚겠다'고 적어놓은 일종의 빚 문서입니다. 국가가 발행하면 '국채'라 하고, 회사가 발행하면 '회사채'라 합니다. 국가는 살림살이에 필요한 돈을 보통 세금으로 마련하지만, 갑자기 많은 돈이 필요할 수도 있습니다. 이때는 '국채'를 판매해 돈을 빌리고 나중에 갚는 방법을 선택합니다.

2020년, 채권을 둘러싸고 미국과 중국 사이에 시끌벅적한 사건이 벌어졌습니다. 사건은 미국이 중국에 돈을 갚으라고 요구하면서 시작되었습니다. 금액은 무려 1조 6,000억 달러, 한화 약 2,000조 원이 넘는 어마어마한 액수였습니다. 갚겠다고 했다면 문제 될 일이 없었겠지만, 중국은 단칼에 거부했습니다. 미국은 왜 중국에 저런 엄청난 액수의 돈을 빌려줬으며 중국은 왜 돈을 갚지 않겠다고 한 걸까요? 이 사건의 시작에는 100년 전 발행된 채권이 있습니다.

1911년, 청나라는 철도 건설비를 마련하기 위해 국채를 발행했습니다. 그러나 머지않아 청나라가 멸망하고 중화민국이 세워졌죠. 중화민국은 청나라가 발행한 국채를 갚겠다고 했으나 중일전쟁으로 상황이 어려워지자 빚을 갚지 못하게 되었습니다. 이후 중국은 새롭게 출발한다며 과거에 발행된 채권은 무시하기로 했습니다. 청나라 채권을 갖고 있는 사람들은 빌려준 돈을 떼인 셈입니다.

비록 위와 같은 사례도 있긴 하지만, 국채는 국가가 돈을 마련할 수 있는 가장 보편적인 방법으로 자리 잡았습니다. 국가는 필요한 돈을 빌릴 수 있어서 좋고, 국채를 사들인 사

TIP

중일전쟁

세계 대공황의 파도는 태평양 건너 일본을 덮쳤습니다. 경제가 몰락하게 되자 일본 정부는 만주를 식민지로 삼아 문제를 해결하고자 했습니다. 그런데 1937년, 북경에서 일본 군인들이 훈련을 하고 있을 때 한 발의 총성이 울렸습니다. 일본군은 무작정 중국군이 공격했다 주장하며 보복 공격을 벌였습니다. 중일전쟁이 시작된 것이죠. 당시 수도였던 남경을 점령한 일본은 군인뿐 아니라 민간인 30만 명을 잔혹하게 학살했습니다. 전쟁은 예상과 달리 길어졌고, 미국이 떨어트린 두 기의 원자폭탄으로 일본이 무조건 항복함으로써 중일전쟁은 끝나게 되었습니다.

람은 비교적 안전하게 돈을 벌 수 있어 **좋습니다**. 국가가 망하지 않는 한 돈을 떼일 염려는 적기 때문입니다. 이러한 장점 덕분에 국채는 지금도 활발히 거래되고 있습니다.

전쟁으로 탄생한 국채

그렇다면 국채는 언제부터 등장한 걸까요? 17세기부터 시작된 국채의 역사는 전쟁과 관련이 깊습니다. 전쟁이 터지면 국가는 막대한 군비를 조달해야 합니다. 이때 국민에게 세금을 더 걷겠다고 하면 반발이 만만치 않을 것이죠. 그런데 채권이라면 이야기가 달라집니다. 국민은 돈을 갖다 바치는 게 아니라 일정 기간 빌려주는 것이기 때문에 굳이 반발할 필요가 없습니다. 그리고 채권은 사고팔 수 있기 때문에 가격이 오르면 많은 이득을 볼 수도 있었습니다.

이러한 전쟁 국채로 전설적인 수익을 남긴 가문이 있습니다. 300년 이상 세계적인 금융 재벌로 군림해 오고 있는 '로스차일드 가문'입니다. 영국과 프랑스 사이에서 나폴레옹 전쟁이 터지자, 사람들은 파죽지세의 나폴레옹이 이끄는 프랑스에 영국이 패배할 것이라 생각했습니다. 영국이 망하면 국채를 갚지 못할 것이라는 우려가 퍼지자 사람들은 영국 국채를 냅다 팔았고 국채는 헐값이 되었습니다.

그러나 로스차일드 가문은 상황을 다르게 판단했습니다. 당시 로스차일드 가문은 유럽 대륙을 아우르는 정보망을 갖고 있었습니다. 이들은 누구보다 빠르게 유럽 대륙에서 벌어지는 정보를 입수했고, 영국이 프랑스와의 전투에서 승리하며 전쟁이 끝날 것임을 간파했습니다. 로스차일드 집안은 영국 국채를 사들이는 데 엄청난 재산을 쏟았습니다. 전쟁에서 승리한 영국 정부에 대한 신용이 높아지면 채권 가격도 상승할 것이라 생각했기 때문입니다. 이들의 예상은 적중했고, 가문은 현재 가치로 우리 돈 1조 원에 달하는 거액을 벌었습니다.

이때부터 경제 역사의 중심에 등장한 로스차일드 가문은 지금까지도 세계적인 금융 재벌로 자리매김하고 있습니다. 처음 작은 골동품상을 하면서 번 돈으로 금융업에 발을 들인 마이어 로스차일드는 다섯 아들을 유럽 주요 도시로 보내 은행을 세웠습니다. 형제들은 일사분란하게 움직이며 경제와 정치에 막강한 영향력을 행사하기 시작했습니다. 산업혁명 과정에서 철도, 철강 등 핵심 사업에 막대한 자금을 투자했으며 제2차 세계대전 이후에는 이스라엘 건국을 뒤에서 돕기도 했습니다.

돈을 갚지 못하는 나라들

국채라고 해서 무조건 안전한 것은 아닙니다. 신용도가 낮은 국가가 발행한 국채는 안전하지 않습니다. 국채를 발행하고 돈을 갚지 않는, 소위 말하는 '먹튀'를 해버린 나라는 여럿 있습니다. 북한은 1970년대 말 채권을 발행했지만 1984년 일방적으로 못 갚겠다고 선언해 버린 뒤 지금까지도 이자는커녕 원금조차 갚지 않고 있습니다. 사실상 휴지 조각이지만 여전히 북한 국채는 세계 시장에서 거래 중입니다. 훗날 북한이 자본주의를 받아들여 경제가 발전할 수도 있다는 기대감 덕분입니다.

무려 아홉 번이나 국채를 발행해 놓고 돈을 갚지 못한 나라도 있습니다. 이러한 불명예의 주인공은 아르헨티나입니다. 국제기구로부터 구제 금융만 20회 이상 받은 것은 덤이죠. 북한, 아르헨티나 등 국제적으로 신용을 잃은 국가들은 설령 앞으로 채권을 발행하더라도 성공적으로 돈을 마련하지 못할 가능성이 매우 높습니다. 신용은 무너지기는 쉬워도 쌓기는 어려운 법이니까요.

국채는 전쟁 자금을 대기 위해 세상에 나왔지만, 오늘날에는 그 용도가 매우 달라졌습니다. 우리나라를 비롯한 많은 나라가 산업을 발전시키고, 국민의 복지 혜택을 늘리기 위한 공익적인 목적으로 국채를 발행하고 있습니다. 그러나 목적이 아무리 훌륭하다 한들, 결국 국채는 미래 세대가 언젠가 갚아야 할 '빚'이라는 사실을 잊어선 안 됩니다.

신용이 무너지지 않게 하려면

거대한 '자본주의'를 떠받치는 기둥은 무엇일까요? 바로 '신용'입니다. 역사를 되돌아보면 신용 사회로 접어드는 과정은 결코 순탄치 않았습니다. 현금 없이 믿음으로 돈거래를 하는 사회는 여전히 많은 이들에게 익숙하지 않았습니다. 사람들 마음속에는 늘 '상대방이 뒤통수를 치면 어쩌지?' 하는 걱정, '혹시 내일 세상이 망하면 어쩌지?' 하는 불안이 있었습니다. 신용 사회는 미래에 대한 희망과 기대만이 아니라 이런 불안과 걱정까지 안고 출발했습니다.

신용 거래는 중세시대부터 싹트기 시작했습니다. 환전상

끼리의 어음 거래가 활발해지며 점차 시장에는 현금 없이 신용으로 거래하는 비중이 늘어났습니다. 신용은 화폐 제도를 발전시키고 상거래를 활발하게 하는 등 경제 발전의 윤활유 역할을 톡톡히 해냈습니다. 그러나 신용은 매우 조심히 다뤄져야 했습니다. 깨지거나 무너진 신용 기둥은 자본주의 사회 전반에 엄청난 피해를 가져왔기 때문입니다.

처음에는 왕실과 귀족 그리고 부유한 상인들 사이에서 신용 문제가 발생했습니다. 대표적인 사례로 독일 은행가 야코프 푸거를 들 수 있습니다. 푸거는 인류 역사상 가장 많은 돈을 번 인물로 꼽힙니다. 그는 왕실, 교황청에 돈을 빌려주고 정치·경제적으로 막강한 영향력을 행사했습니다. 그러나 이들 가문의 영광은 그리 오래가지 못했습니다. 이들은 스페인 왕실에 많은 돈을 빌려주었는데, 스페인이 잦은 전쟁으로 파산하고 말았기 때문이죠. 결국 돈을 돌려 받지 못한 푸거 가문은 엄청난 재산을 잃은 채 역사의 뒤안길로 사라졌습니다. 푸거 가문은 신용 덕분에 승승장구했지만 신용 때문에 모든 것을 잃었습니다.

시간이 흘러 신용 거래가 점차 퍼지기 시작하자, 일반 국민들마저 피해를 입는 일이 발생했습니다. 대표적인 현상이 뱅크런^{Bank Run}입니다. 은행이 망할 것이라는 소문이 돌면, 고객들은 은행에 맡긴 돈을 찾기 위해 한꺼번에 몰려들 것입니다. 이를 뱅크런이라고 합니다. 은행은 고객들이 맡긴 돈(예금)을 다른 고객에게 빌려주며(대출) 돈을 법니다. 왜 고객이 맡긴 돈을 몽땅 보관하지 않느냐고요? 어차피 이들이 한꺼번에 돈을 찾을 가능성은 매우 낮으므로, 최소한의 돈만 준비해 두어도 무리가 없다고 판단하기 때문입니다. 고객 역시 이 사실을 알고 있습니다. 다만, 은행이 망하지 않을 것이라는 믿음을 갖고 있기에 기꺼이 돈을 맡기는 것이죠.

1932년 미국의 아메리칸 유니온 뱅크는 고객들이 은행의 돈을 모두 빼가는 뱅크런이 일어나 큰 혼란에 빠졌습니다.

은행에 돈이 없을 수도 있을까?

돈을 충분히 준비해 놓지 않은 은행은 당연히 고객이 맡긴 돈을 돌려줄 수 없고, 고객들은 예금을 날리게 됩니다. 뱅크런 사태는 꾸준히 있었습니다. 1930년대 대공황 당시 미국에서는 뱅크런이 너무 자주 터져서 중소형 은행들이 깡그리 몰락했습니다. 우리나라에서는 비교적 최근에 뱅크런이 일어났습니다. 2011년 지방 어느 은행에 뱅크런이 발생해 약 10만 명 넘는 피해자가 발생했습니다.

무너진 신용은 국가의 존재마저 위태롭게 만듭니다. 1997년 대한민국 정부는 부도를 선언했습니다. 갚아야 할 나랏빚은 총 1,500억 달러가 넘는데 보유하고 있는 액수는 40억 달러에도 미치지 못하는 실정이었죠. 국가신용등급은 최하위 '투기등급'으로 떨어졌고, 1997년 한 해에만 1만여 곳이 넘는 기업이 파산했습니다. 실직자가 속출했으며 많은 가정의 삶이 위기에 처했습니다.

모두가 도미노처럼 연결된 사회에서, 누군가의 신용이 무너지면 옆의 사람도 줄줄이 무너집니다. 그러나 수습하기 어렵고 힘들다고 해서 마냥 내버려둘 수는 없습니다. 1997년 국가 부도를 맞은 대한민국 정부는 국제통화기금^{IMF}

에 자금을 요청해야만 했습니다. 자본주의 열차는 앞으로도 멈추지 않고 계속 달릴 것이기에 문제가 생긴 부분은 반드시 고쳐야 합니다. 정부는 신용 사회가 무너지지 않도록 어떤 노력을 기울여야 할까요?

국가는 개인과 기업의 신용을 점수로 매겨 엄격하게 관리합니다. 점수가 높은 사람(기업)에게는 더 낮은 이율로 비교적 쉽게 돈을 빌려주지만, 점수가 낮은 사람(기업)에게는 대

국제통화기금 TIP

국제통화기금은 세계 무역의 안정을 위해 설립한 국제금융기구입니다. 가계나 기업이 파산하는 것처럼 국가도 잘못된 재정 관리로 인해 부도를 맞을 수 있습니다. 그럴 때 국제통화기금에서 돈을 빌릴 수 있죠. 1997년에 국가 부도를 맞기 직전까지 우리 정부와 기업들은 무차별적으로 돈을 빌리며 과도한 투자를 벌이고 있었습니다. 하지만 아시아 경제에 불안감을 느낀 외국 자본이 투자금을 거둬들이면서 국가의 외환 보유고가 바닥나게 되었습니다.

빚을 갚지 못한 기업들은 순식간에 파산이나 부도를 맞았으며 실직자가 대량으로 생겨났습니다. 한국은 위기를 극복하기 위해 국제통화기금에 도움을 요청했고, 이후 4년간의 뼈를 깎는 노력으로 국제통화기금으로부터 빌린 돈을 갚을 수 있었습니다.

출의 문턱을 높여 혹시 모를 위험에 대비합니다. 신용으로 평가당하고 차별당하는 현실에 안타까운 마음이 들 수도 있습니다. 그러나 이러한 조치 덕분에 안전하고 신뢰할 수 있는 사회가 만들어집니다.

몇몇 나라의 정부는 예기치 못한 뱅크런에 대한 대비책도 마련해 두었습니다. 대공황 당시 미국 대통령이던 프랭클린 루스벨트는 정부가 돈을 책임지고 내어주는 '예금자 보호 정책'을 실시했습니다. 이와 비슷하게 우리나라에서는 은행이 망할 경우, 정부에서 고객의 예금을 1인당 5,000만 원까지 보호해 주는 정책을 시행하고 있습니다.

'신용' 기둥을 튼튼하게 만들기 위한 노력은 여전히 계속되고 있습니다. 2022년 현재, 금융회사로부터 빌린 돈을 제때 갚지 못하는 대한민국 국민이 무려 600만 명이나 된다는 사실은 아직도 갈 길이 멀다는 사실을 보여 줍니다. 신용이 없으면 자본주의는 한 걸음도 앞으로 나아갈 수 없습니다. 신용의 중요성을 인식하고 잘 관리하는 사람들이 많아질수록 자본주의는 더욱 안전해질 것입니다.

신용 사회의 끝없는 진화

신용 사회는 날이 갈수록 발전하며 진화를 거듭했습니다. 그 배경에는 두 가지 발명품이 있었습니다. 첫 번째는 신용카드입니다. 신용카드는 1950년 미국에서 시작되어 세계로 퍼져 나갔습니다. 최초로 신용카드를 만든 사람은 사업가 프랭크 맥나마라^{Frank McNamara}입니다. 그는 1950년 어느 날 뉴욕의 한 레스토랑에서 저녁 식사를 한 뒤 계산을 하려다 큰 곤란을 겪었습니다. 지갑을 가지고 오지 않은 것이죠. 그 후, 그는 많은 사람이 자신과 같은 일을 한 번쯤 겪은 경험이 있다는 것을 알고는 다이너스클럽^{Diner's Club}이라는 신용카드를 만들었습니다. 즉 식사를 하는 사람^{Diner}들을 위한 클럽을 만들어 이들에게 신용카드를 발급했는데, 이것이 바로 세계 최초 신용카드의 시작입니다.

이처럼 '물건은 지금 사고 돈은 나중에 내는' 신용카드는 인류가 지난 몇 백 년간 쌓아 온 화폐 체계를 송두리째 바꿔 놓았습니다. 당장 현금이 없어도 누구나 원하면 외상으로 물건을 살 수 있게 된 것이죠. 심지어 '할부' 기능을 활용하면 돈도 다달이 나누어 갚을 수 있습니다.

신용카드에 이은 두 번째 변화는 인터넷입니다. 인터넷의 발달은 전자상거래가 폭발적으로 성장하는 밑거름이 되었습니다. 사람들은 직접 물건을 보러 상점에 갈 필요도, 돈을 맡기거나 빌리러 은행에 갈 필요도 없게 되었습니다. 모든 업무는 인터넷 안에서 가능해졌습니다. 이런 기술의 발전 덕분에 신용 사회는 인류의 상상력을 뛰어넘을 정도로 빠르게 진화해 왔습니다.

그러나 신용 사회가 아무리 편리하다 할지라도 문제점은 있기 마련입니다. 우선, 돈이 너무 많이 듭니다. 경제 거래에서는 신뢰가 필수적입니다. 이러한 신뢰를 구축하는 데도 돈이 필요합니다. 빠르고 안전하게 거래할 수 있는 기술, 해킹 사고를 막기 위한 보안 기술을 개발하는 데에는 막대한

현대 사회의 경제 활동은 신용을 바탕으로 이루어집니다.

비용이 듭니다. 천문학적인 양의 데이터를 처리하고 서버에 저장하고 관리하는 것 역시 공짜가 아니죠. 이렇게 막대한 돈을 쓰는데도 안전성을 보장할 수 없다는 사실이 더 큰 문제입니다.

또 다른 문제는 소수에 의해 경제 생활이 좌지우지된다는 것입니다. 신용 사회에서는 필연적으로 정부나 은행 그리고 거대한 기업의 역할이 강조됩니다. 이들의 든든한 뒷받침이 있어야 사람들이 서로를 믿고 거래할 수 있기 때문이죠. 그러다 보니 소수 힘 있는 사람들의 영향력은 점점 더 커지게 되었고, 사람들은 원하든 원하지 않든 이들의 결정에 따르게 되었습니다.

현재 우리가 마주하고 있는 신용 사회의 모습이 과연 최선일까요? 사회 현상에 의문을 품고 문제를 해결하고자 한 사람들이 있었습니다. 그리고 이들은 신용 사회를 진화시킬 새로운 기술을 만들었습니다. 바로 '블록체인' 기술입니다. 인터넷에서 거래를 하고자 하는 A와 B가 있다고 해봅시다. A가 B에게 돈을 송금하는 순간, 거래 정보가 담긴 블록이 생성됩니다. 만들어진 블록은 정상적으로 이루어진 거래인지 검증된 후, 참여자들의 컴퓨터에 각각 저장됩니다. 거래가 계속되며 블록은 사슬(체인)처럼 쭉 연결됩니다. 이를 블록체인이라고 합니다.

블록체인 기술을 활용하면 거래를 보증하는 정부, 은행, 기업이 필요 없어지는 세상이 올지도 모릅니다. 여러 대의 컴퓨터가 이들이 하던 검증 작업을 대신하기 때문이죠. 게다가 정보가 분산되어 있으므로 해킹이 어려워집니다. 그 덕분에 신뢰를 확보하는 비용이 획기적으로 줄어듭니다.

블록체인과 가상화폐의 도전

블록체인 기술의 활용 분야는 무궁무진합니다. 우리에게 익히 알려진 가상화폐 역시 블록체인 기술을 기반으로 탄생했습니다. 가상화폐를 사용하면 은행을 거치지 않고 세계 어디서나 결제할 수 있습니다. 포르투갈은 '가상화폐의 천국'으로 불리는 나라입니다. 각종 규제로 가상화폐를 엄격하게 감독하는 다른 나라들과 달리, 오히려 가상화폐 거래를 지원하고 있죠. 그래서 가상화폐를 지지하는 사람들이 전 세계에서 몰려들고 있습니다.

가상화폐는 경제뿐 아니라 정치에도 활용할 수 있습니다. 오늘날 국회의원, 대통령 등 정치인 선거는 여전히 종이투표로 이루어집니다. 유권자들이 굳이 투표소로 가고, 수많은 종이가 낭비되고, 밤새도록 개표하는 이유는 전자투표가 완전하지 않기 때문입니다. 혹시나 누가 투표 시스템을 조작하거나 해킹하는 심각한 문제가 발생할 여지가 있죠. 만약 블록체인 기술을 투표에 적용하면 어떻게 될까요? 수없이 많은 컴퓨터에 데이터가 기록되어 조작이 어려워지므로, 전자투표가 가능해집니다.

실제로 국내에서 블록체인 기술로 투표를 진행한 사례가 있습니다. 2017년 경기도 주민공동체 '따복공동체'는 주민 제안 공모 사업 심사에 블록체인 시스템을 도입했습니다. 그리고 투표 결과를 바탕으로 예산 30억 원을 각 주민 공동체에 배분했습니다. 아직 작은 규모지만, 앞으로 기술이 발달하면 전자투표로 대통령 선거를 치르게 될 날이 오게 될 것입니다.

'신뢰의 기술'이라 불리는 블록체인이지만, 블록체인이 신용 사회에 완전히 자리 잡기까지는 넘어야 할 장애물이 많이 있습니다. 이론적으로는 위조가 불가능하지만 아직 기술적으로 미완의 단계이기 때문에 해킹 사고가 비일비재하죠. 그리고 미래의 화폐라 불리는 가상화폐는 정부의 감시를 피할 수 있다는 이유로 여러 범죄에 악용되고 있습니다. 정부의 통제와 관리가 완전히 사라진 곳에 과연 신뢰가 설 수 있을지 의심하는 목소리가 많습니다.

자본주의는 살아 움직이며 끊임없이 발전합니다. 물물교환을 하던 시절을 거쳐 조개껍데기와 돌멩이를 화폐로 사용하기도 했습니다. 금속 화폐가 자리 잡을 즈음엔 종이 화폐가 새롭게 등장했고, 이제 실물 화폐는 일상에서 보기조차 힘들게 되었습니다. 수많은 실타래가 얽히고설켜 우리 사회는 새로운 모습으로 진화하고 있습니다. 그러나 어떤 모습이든, 실을 잡고 계속 따라가다 보면 결국 끝에는 '신용'이 있습니다. 신용이 살아 있는 한, 실타래는 앞으로도 세상을 아름답게 수놓을 것입니다.

주식

돈 없이 회사를

차릴 수 있을까?

1653년, 저 멀리 네덜란드에서 온 이방인이 조선 땅에 도착했습니다. 일본 나가사키로 가던 도중 폭풍우를 만나 제주도에 표류한 그의 이름은 헨드리크 하멜이었습니다. 네덜란드 동인도회사 소속 선원이었던 그는 무려 13년 동안 조선에 억류되어 있었습니다. 우여곡절 끝에 탈출에 성공한 하멜은 동인도회사에 13년간 받지 못한 임금을 청구했고, 조선 땅에 붙잡혀 있었던 증거로 책을 써냈습니다. 우리에게는 《하멜 표류기》라는 제목으로 잘 알려진 책입니다. 그렇다면 하멜은 왜 일본으로 향했던 걸까요? 그를 조선으로 오게 만든 동인도회사는 어떤 일을 하는 곳이었을까요?

세계 최초의 주식회사

헨드리크 하멜이 탑승했던 스페르베르호는 동방 무역을 담당하던 화물선이었습니다. 대항해 시대가 시작된 이후, 동방 무역이 엄청난 돈이 된다는 소식에 바다는 상인들이 띄운 무역선으로 가득했습니다. 그런데 대단한 부자가 아니고서야 무역선을 띄울 비용을 혼자서 마련하기는 어려웠습니다. 전 재산을 들여 배를 띄웠는데 혹여 태풍에 난파되거나 해적의 약탈로 빈손으로 돌아온다면 눈앞이 캄캄해질 일이었으니까요.

아무리 수익이 높아도 위험이 크면 나설 엄두가 나지 않습니다. 이때, 돈 벌 기회를 노리던 네덜란드 상인들이 아이디어를 냈습니다. 여러 사람으로부터 돈을 모아 대규모 무역선을 꾸리는 것이었죠. 이렇게 하면 혼자서 모든 위험을 감당하지 않고서도 무역 사업에 투자할 수 있었습니다. 물론 무역선이 가져올 이익도 나눠 가질 수 있으니 대단히 매력적인 방법이었습니다.

투자금을 모은다는 소식이 알려지자 네덜란드 각지에서 1,000명이 넘는 사람들이 돈을 댔습니다. 이 돈으로 세워진 새로운 회사는 누가 얼마만큼 투자했다는 내용을 종이에 써서 나눠 주었습니다. 이 증명서가 바로 '주식'이며, 이 회사가 바로 인류 역사상 최초의 주식회사가 된 네덜란드 동인도회사입니다. 그리고 주식을 가진 '주주'들은 10년 뒤에 무역선이 싣고 올 이익을 나눠 가질 권리를 갖게 되었죠.

네덜란드가 세계 경제의 중심에 섰던 이유

1602년에 설립된 네덜란드 동인도회사는 17세기 말까지 세계 최대의 회사로서 무려 200년간 존재했습니다. 회사가

> **TIP**
> ### 네덜란드 동인도회사
>
> 동인도회사는 네덜란드에 막대한 부를 가져다주며 막강한 권리를 부여받았습니다. 심지어 국가로부터 군대 소유, 전쟁 선포 등의 권리를 받기도 했습니다. 한 손에는 돈을, 다른 한 손에는 총을 들었던 이들은 동남아시아 국가들에게 약탈의 대명사였습니다. 특히 인도네시아 자카르타를 점령하고 300년 동안 통제했는데, 저항하는 원주민을 죽이거나 쫓아냈습니다. 그리고 향신료 시장을 독점하기 위해 공급이 많으면 산을 불로 태우고 공급이 적으면 대규모 농장을 조성하는 등 만행을 서슴지 않았습니다.

순항할 수 있었던 배경에는 정부의 역할도 한몫했습니다. 정부는 신뢰를 높이기 위해 직접 동인도회사 주식을 사들였습니다. 동인도회사에 인도까지의 무역을 독점할 수 있는 권리도 부여했죠. 다른 주식회사들이 우후죽순 만들어져 경쟁하는 것을 막기 위해서였습니다.

동인도회사는 10년 뒤에 배가 돌아오면 이익을 배분하기로 투자자들과 약속했습니다. 이렇게 회사가 벌어들인 돈을 주주들과 나누는 것을 '배당'이라 합니다. 하지만 10년은 엄청나게 긴 시간이죠. 그래서 회사는 투자자들이 자유롭게 주식을 사고팔 수 있도록 하면서 불만을 잠재웠습니다. 회사 입장에서도 좋은 방법이었습니다. 원래는 번 돈을 나눠 주고 해산해야 하지만, 주식을 거래할 수 있는 권리를 부여한 덕에 동인도회사는 오랜 세월 유지될 수 있었습니다.

배가 돌아오는 사이에 네덜란드에서는 재밌는 일이 펼쳐졌습니다. 배가 각종 향신료를 가득 싣고 온다는 소문이 돌면 주식을 사려는 사람이 많아져 주식 가격이 올랐습니다. 배가 난파했다는 소문이 돌면 주식을 팔려는 사람이 많아져 주식 가격이 떨어졌죠. 이렇듯 상황이 복잡하게 흘러가자 전국 각지에서 몰려든 투자자들의 거래를 편리하게 하기 위해 증권거래소가 생겼습니다. 1609년에 만들어진 암스테르담 증권거래소는 세계 최초의 증권거래소였습니다.

동인도회사는 인도네시아 자바섬에서 많은 후추를 사들이며 막대한 이익을 거두었습니다. 회사의 성공에 힘입어 증권거래소는 언제나 사람들로 붐볐습니다. 네덜란드 금융 산업은 나날이 발전했으며 네덜란드는 17세기 유럽 상업의 중심지로 자리매김했습니다.

불행하게도 네덜란드의 전성기는 그리 오래가지 못했습니다. 향신료는 인기가 줄면서 가격이 뚝 떨어졌습니다. 여

최초의 주식회사인 네덜란드 동인도회사는 인도와 동남아시아 지역으로 진출하기 위해 1602년에 설립되었습니다.

기에 더해 다른 유럽 열강과의 경쟁이 치열해지면서 네덜란드의 수익이 줄었습니다. 가장 결정적인 계기는 영국과의 전쟁이었습니다. 세계 최강의 위엄을 자랑하던 스페인 무적함대를 부수고 자신감을 얻은 영국은, 해상 무역의 패권을 차지하기 위해 네덜란드를 공격했습니다. 네덜란드가 대서양으로 진출하려면 프랑스 북서부와 영국 사이의 좁은 바다인 도버해협을 통과해야 하는데, 영국은 도버해협을 봉쇄하고 우회로도 막았습니다. 심지어 북해에서 물고기를 낚는 네덜란드 어선들도 격침시켰죠. 네덜란드와 영국의 전쟁은 결국 영국의 승리로 끝났고, 네덜란드는 내리막길을 걷게 되었습니다.

주식 제도가 지구를 휩쓸다

네덜란드는 쇠퇴했지만, 네덜란드 동인도회사가 싹틔운 주식 제도는 유럽 전역으로 퍼져 나갔습니다. 주식 덕분에 자금을 쉽게 구할 수 있게 된 사업가들은 적극적으로 사업을 펼치기 시작했습니다. 사업에 실패하면 전 재산을 날리고 빚을 갚아야 했던 과거와는 달리, 이제는 자기 지분만큼의 손해만 감수하면 되었습니다. 이를 계기로 각국에서는 주식회사 설립 열풍이 일었으며 기업이 국가 경제를 움직이며 자본주의가 발달했습니다.

일반인들도 주식 시장에 참여해 돈을 벌 기회가 늘었습니다. 직접 회사를 세우지 않아도 주식을 가진 주주로서 이익을 나눠 가질 수 있게 된 것이죠. 그래서 부자가 되는 이들도 생겼지만 오히려 돈을 잃은 사람들도 수두룩했습니다. 하멜이 타고 떠났던 스페르베르호의 난파 소식을 들은 이들은 손해를 감수하고서라도 주식을 팔지 않았을까요?

자본주의 경제의 상징인 주식회사는 우리나라에도 들어왔습니다. 1897년 설립된 한성은행이 바로 우리나라 최초의 주식회사로 알려져 있죠. 일부에서는 1897년 독립협회 회원들이 주도해 만든 '대조선저마제사 주식회사'를 들기도 합니다. 이 회사는 조선의 삼베와 모시로 만든 비단을 중국을 비롯한 해외로 수출하는 회사였습니다. 당시 《독립신문》은 회사의 주식을 사는 것이 논을 사는 것보다 이득이라고 말하면서 주식을 살 것을 권유하는 논설을 싣기도 했습니다. 끝내 공장은 설립하지 못했지만, 열강의 경제적 지배에서 벗어나려는 노력으로 높이 평가되기도 합니다.

튤립, 역사상 가장 비싼 꽃이 되다

17세기 유럽의 금융 중심지로 떠오른 네덜란드에서는 동인도회사 주식에 투자해 돈을 번 이들이 속속 등장하고 있었습니다. 이를 지켜보던 사람들은 자신을 부자로 만들어줄 새로운 투자 상품을 찾아다녔습니다. 이때, 아무도 예상하지 못했던 물건이 새로운 투자 상품으로 떠올랐습니다. 바로 튤립입니다. 한때 튤립의 인기는 상상을 초월해 가격이 어마어마하게 치솟아 올랐죠. 과거 유럽 사람들은 금도 은도 아닌 튤립에 왜 그토록 열광했던 걸까요? 그 이유를 들여다보면 '거품(버블) 경제'가 생기는 과정을 알 수 있답니다.

튤립은 16세기 튀르키예에서 들어왔습니다. 처음에는 귀족들이 정원에 장식용으로 심는 사치품이었으나 입소문을 타고 인기가 조금씩 커져 갔습니다. 돈 벌 궁리를 하던 이들에게 튤립은 절호의 기회였습니다. 튤립의 인기가 심상찮음을 눈치챈 이들은 튤립 뿌리를 미리 사들였습니다. 가격이 오르면 더 높은 가격에 팔 계획이었죠.

이들의 예상은 기가 막히게 적중했습니다. 튤립은 없어서 못 팔 정도로 인기를 끌었으며, 심지어 꽃이 없는 상황에서도 꽃을 사고팔기도 했습니다. 즉 지금은 꽃이 없지만 미래 어느 시점의 꽃 가격을 예측해 미리 돈을 지불하는 선물거래를 한 것입니다.

튤립 투자는 점점 도박으로 변질되기 시작했습니다. 튤립 뿌리의 가격은 크기에 따라 3,000에서 4,200플로린에 달했다. 당시 능숙한 장인이 1년간 열심히 일하면 300플로린을 벌 수 있었다는 사실을 감안하면 얼마나 터무니없는 가격인지 알 수 있습니다. 뿌리로 거래했기 때문에 어떤 모양의 꽃이 필지 모른다는 점이 사람들의 도박 심리를 자극하는 데 한몫했습니다.

그런데 왜 하필 튤립이었을까요? 이 질문에 답할 수 있는

TIP 선물거래

선물거래는 누군가에게 주는 '선물'이 아니라 먼저 값을 치르고 나중에 물건을 받는 거래 방식을 의미합니다. 나중에 값이 오를 거라 예상되는 물건을 미리 사들이기에 도박의 성격이 강합니다. 예상이 어긋나서 값이 떨어지면 손해를 입기 때문이죠. 예를 들어, 한 달 뒤 '튤립 한 뿌리에 10만 원'을 받기로 계약했는데, 가격이 100만 원으로 오르면 90만 원의 이득을 얻게 되는 것이지만, 5만 원으로 떨어지면 5만 원의 손실이 발생하는 식입니다.

튤립은 한때 세상에서 가장 비싼 꽃의 자리에 올랐지만 곧 그 인기가 사그라졌습니다. 이는 인류 역사상 최초의 '거품 경제' 사례로 꼽힙니다.

사람은 아무도 없었습니다. 주식은 회사가 망하지 않는 한 보유하고 있으면 배당을 받을 수 있지만 튤립은 아무런 쓸모도 없었으니까요. 가격이 말도 안 되는 수준으로 올랐지만 사람들은 의문을 품지 않았습니다. 돈만 벌면 장땡이라는 탐욕이 상식을 덮어 버린 것이죠.

누가 봐도 비상식적인 튤립 가격은 그리 오래가지 않았습니다. 튤립 인기가 사그라지며 가격이 떨어지기 시작한 것입니다. 가격은 오를 때와 마찬가지로 빠르게 제자리로 돌아왔습니다. 다수의 파산자와 소수의 벼락부자를 만든 튤립 광풍은 인류 역사상 첫 번째 거품 경제로 통합니다.

주식은 거품처럼 사라지고

부자가 되고 싶다는 욕심은 국경을 넘나들었습니다. 17세기 후반 영국은 프랑스, 스페인과 전쟁을 치르며 나라 살림이 어려워졌습니다. 과도한 국채 발행으로 부담이 커진 영국 정부는 남해회사 South Sea Company 라는 주식회사와 접촉해서 기막힌 방법을 찾아냈습니다. 어떻게 고민을 해결했을까요?

우선, 정부는 남해회사에 노예무역을 독점할 특권을 주었습니다. 물론 혜택을 공짜로 줄 리는 없었죠. 남해회사는 국채 보유자에게 주식을 나눠 주기로 했습니다. 즉, 정부가 갚아야 할 빚을 남해회사가 떠안은 것입니다. 이렇게 정부는 빚 문제를 해결할 수 있었으며, 회사는 빚이 생겼지만 사업을 독점한 덕분에 수익을 냈습니다. 국채 보유자는 식민지를 개척하는 유망한 기업의 주식을 갖게 되었으니 이를 마다할 리 없었습니다.

처음에는 모든 것이 순조로워 보였습니다. 남해회사가 신대륙에서 새로운 금광을 발견했다는 소문이 돌면서 주가는 6개월 만에 10배나 올랐습니다. 앉아만 있어도 돈이 벌린다는데 가만히 있을 사람은 없었죠. 사람들은 일확천금을 꿈꾸며 마구잡이로 투자했습니다. 거품이 끼기 시작하면서 주식 시장은 걷잡을 수 없이 커졌습니다.

거품은 순식간에 사그라졌습니다. 남해회사가 돈을 제대로 못 번다는 소문이 돌자 시장은 급격히 얼어붙었습니다. 남해회사 주가는 90% 폭락했고, 수많은 주식회사들이 파산했습니다. 이 또한 거품 경제를 보여 주는 사례입니다. 시장의 과열은 바다의 거품이 부글부글 끓는 모습에 비유할 수 있죠.

투자에 실패한 수많은 사람 중에는 유명 과학자 아이작 뉴턴도 있었습니다. 그 역시 욕심에 눈이 멀어 거품에 올라탄 결과, 오늘날 가치로 약 50억에 달하는 돈을 날렸습니다. 거의 전 재산에 맞먹는 액수였죠. 뉴턴이 남긴 말은 아직까지도 주식 시장에 널리 회자되고 있습니다.

> "내가 천체의 움직임은 계산할 수 있어도, 인간의 광기는 도저히 계산할 수 없다."

이후로도 주식 시장에는 크고 작은 거품이 나타났다 사라지기를 반복했습니다. 특히 2000년에 발생했던 'IT 버블'은 역사적으로 손에 꼽을 만한 거품 경제로 여겨지고 있습니다. 새로운 천년이 찾아오자 사회 곳곳에는 들뜬 분위기가 널리 퍼져 있었습니다. 인터넷 산업은 이러한 사회 분위기에 불을 지폈습니다. 사람들은 세상을 송두리째 바꿀 인터넷에 열광했고, 인터넷, 통신 기업들의 주가는 고공 행진했습니다.

그러나 무엇이든 너무 지나치면 문제가 됩니다. IT 기업 가운데 실제로 돈을 버는 회사는 거의 없었습니다. 대부분 장밋빛 미래를 약속하며 투자자를 끌어모았지만 현실은 이상을 따라잡지 못했습니다. 결국 거품이 녹아내렸죠. 오늘날 IT 대기업인 아마존은 당시 주가가 무려 95%나 떨어졌습니다. 거품에 올라탔던 경솔한 투자자들은 돈을 날려야 했습니다.

과학과 기술은 크게 진보하고 있습니다. 하지만 금융 시장의 혼란은 지금도 계속 반복되고 있습니다. 거품 경제가 남긴 교훈을 깨닫지 못한 사람들은 또다시 거품이 찾아올 때 무작정 올라탈 것이고, 결국 거품과 함께 휩쓸려 나갈 것입니다. 우리는 욕심에 모든 것을 날려 버린 사람들을 기억해야 합니다. 그들을 기억할 때, 우리는 금융 시장의 파도 위에서 안전하게 헤엄쳐 나갈 수 있습니다.

월스트리트의 탄생

현재 미국은 세계 최고의 강대국으로 손꼽힙니다. 3억 명이 넘는 인구와 한국의 약 98배에 달하는 면적만으로도 미국이 얼마나 거대한 나라인지 짐작할 수 있습니다. 그러나인구나 면적은 미국이 지닌 힘을 모두 설명하지는 못합니다.세상에는 미국보다 더 인구가 많거나 영토가 넓은 나라들이있기 때문이죠.

미국의 힘은 튼튼한 경제력에서 나옵니다. 2022년 미국의국내총생산^{GDP}은 25조 달러로, 대한민국의 약 14배이며 2위인 중국을 1.4배 차이로 따돌리고 있습니다. 뉴욕증권거래

국내총생산 TIP

국내총생산이란 1년 동안 한 나라 영토 안에서 생산된 최종 생산물의 총합입니다. 흔히 국가의 경제 성적표로 불리기도 하는데,국내총생산이 높을수록 경제 규모가 크다는 것을 의미하기 때문입니다. 다만 영토가 크고 인구가 높을수록 국내총생산이 올라가는 경향이 있으므로 국가의 정확한 경제력을 평가할 수는 없습니다. 이러한 한계를 보완하기 위해 인구 '1인당 국내총생산'을 구하기도 합니다.

소로 대표되는 미국의 주식 시장이 보여 주는 숫자는 더욱 놀랍습니다. 뉴욕증권거래소에 상장되어 있는 2,300여 개 기업의 시가총액은 26조 달러에 이릅니다. 우리 돈으로 무려 3경 원이 넘는 엄청난 액수입니다.

"미국이 감기에 걸리면 세계는 독감에 걸린다"라는 말이 있듯이 미국이 세계 경제에 미치는 영향력은 막강합니다. 뉴스에서는 전날 밤 미국의 '이곳'이 어땠는지 알려 주고, 경제 전문가들은 밤새워 '이곳'에서 시시각각 벌어지는 일에 집중합니다. 세계인들이 모두 주목하는 이곳은 바로 세계 금융의 중심이자 미국 뉴욕의 심장부, 월스트리트^{Wallstreet}입니다.

세계 최대 증권거래소인 뉴욕증권거래소는 월스트리트 11번가에 있습니다. 이름만 듣고 벽^{wall}이 있을 것이라 생각할 수도 있지만, 실제로 이곳에는 벽이 없습니다. 그렇다면 어째서 '벽의 거리'라는 뜻의 이름이 붙은 것일까요?

17세기 맨해튼 섬에 네덜란드인들이 이주하기 시작했습니다. 이곳에 정착하며 식민지를 건설한 네덜란드인들은 '뉴 암스테르담'이라는 이름을 붙였습니다. 그러나 얼마 뒤, 영국이 공격해 왔습니다. 방어벽을 세우면 안전할 것이라 생각한 이들은 섬 한가운데 나무 울타리를 설치했습니다. 그러나 나무 울타리는 영국군에게 아무런 걸림돌도 되지 못했습니다. 결국 전쟁에서 승리한 영국이 뉴암스테르담을 차지하게 되었고 이름을 '뉴욕'으로 바꾸었습니다.

시간이 흐르며 방어벽은 허물어졌고, 이 자리에는 도로가 생겼습니다. 도로의 이름은 원래 벽이 있던 길이라는 뜻에서 '월스트리트'라 지어졌습니다. 당시 사람들은 이곳에 모여 주식 거래를 했는데, 정해진 규칙이 없었기 때문에 투자자들은 큰 불편을 겪었고 시장은 혼란스러웠습니다. 1792년, 질서가 필요하다 느낀 거래 참여자들은 마침내 월스트리트의 '버튼우드 나무' 아래 모여 규칙을 만들었습니다. 이를 '버튼우드 협정'이라 합니다.

서로 돈을 주고받고, 빌리고 빌려주는 금융 거래를 위해서는 통일된 방식이 필요합니다. 버튼우드 협정 이후 거래는 규칙대로 질서 있게 이루어졌으며 시장은 점차 커졌습니다. 미국 전역에서 금융업에 종사하는 사람들은 너도나도 뉴욕으로 모이게 되었으며, 나아가 전 세계에서 사람들이 모여들었죠. 미국의 증권거래소 역사는 이렇게 나무 밑에서 시작했습니다.

미국은 언제까지 최강국의 지위를 유지할까?

1920년대 미국의 주식 시장은 황금기를 맞이했습니다. 제1차 세계대전을 치르는 유럽 국가들은 미국에서 식량과 탄약, 물자를 사들였고 미국에서 돈을 빌렸습니다. 전쟁이 끝나자 미국은 청구서를 내밀었습니다. 세계의 돈뭉치가 흘러 들어온 미국은 세계 최고 수준의 경제 대국으로 발돋움했습니다.

미국 국민은 넘쳐 나는 돈을 주체하지 못했습니다. 거리에는 재즈 음악이 흘러나왔으며 영화관이 생기고 할리우드 스타가 인기를 끌었습니다. 102층짜리 엠파이어스테이트 빌딩은 자신감의 결정체였습니다. 사람들은 돈을 벌 수 있다는 이야기에 너도나도 증권 시장에 드나들었고, 주가는 끊임없이 상승했습니다. 물론 '광란의 1920년대'는 잘 알다시피 대공황으로 쓸쓸하게 막을 내렸습니다.

절망에 빠져 있던 미국에 주어진 새로운 기회는 공교롭게도 제2차 세계대전이었습니다. 전쟁의 포화에서 빗겨나 있던 미국은 제1차 세계대전에 이어 이번에도 유럽에 돈을 빌려주었습니다. 전쟁이 끝날 무렵, 자본주의 진영의 중심은 자연스럽게 미국이 되어 있었습니다.

미국은 황폐해진 유럽의 재건을 돕기 위해 이른바 '마셜 플랜'이라 불리는 유럽 부흥 계획을 실시했습니다. 당시 미국의 국무장관 조지 마셜이 처음 제안했기에 그의 이름을 땄습니다. 이를 통해 미국은 16개 나라에 4년간 약 130억 달러를 지원하고 각종 산업 기술을 제공했습니다. 결과는 유럽과 미국 모두에게 흡족할 만했습니다. 마셜 플랜 덕분에 유럽의 경제는 꽃피기 시작하고 정치는 안정되었습니다. 미국은 전쟁으로 얻은 부를 조금은 갚았을 뿐 아니라, 세계 경제의 일인자 자리를 완벽하게 차지할 수 있었습니다.

오늘날 미국은 세계 경제의 나침반을 쥐고 있습니다. 이들이 어디로 향하느냐에 따라 세계 경제의 흐름과 미래가 시시각각 바뀌죠. 미국이라는 거대한 경제 강국에 맞설 상대로 지금껏 소련, 일본이 차례로 나섰지만 작은 흠집조차 내지 못했습니다. 과연 미래에도 미국이 지금과 같은 영향력을 행사하고 있을지, 또는 새로운 경쟁자가 나타날지는 지켜볼 일입니다.

복지

다 함께

잘 살 수 있을까?

우리나라 전래동화 〈심청전〉에는 앞이 보이지 않는 심 봉사와 그의 딸 심청이 등장합니다. 일을 할 수 없는 심 봉사는 어린 딸과 함께 동냥하고 품팔이하며 가난하게 살아갑니다. 만약 오늘날이었으면 어땠을까요? 시각장애를 가진 심 봉사가 일을 할 수 있도록 국가에서 취업을 도와줬을 테고, 심청은 동냥할 필요 없이 무료로 학교를 다니며 맛있는 급식을 먹고 자랐을 것입니다. 아버지의 눈을 뜨게 하기 위해 심청이 인당수로 몸을 던질 일도 없었겠죠. 보험 덕분에 병원에서 좋은 진료와 수술을 받을 수 있었을 테니까요. 과거와 오늘날을 비교했을 때 이토록 큰 차이가 나는 까닭은 무엇일까요? 답은 '복지'에 있습니다.

국가가 국민의 가난에 책임을 져야 할까?

모든 국민은 인간으로서 존엄과 가치를 가지며, 행복을 추구할 권리를 가진다. 국가는 개인이 가지는 불가침의 기본적 인권을 확인하고 이를 보장할 의무를 진다.

대한민국 헌법 제10조는 국민의 행복하게 살 권리를 명시하고 있습니다. 행복한 삶을 다른 말로 '복지'라고 합니다. 복지의 정의는 저마다 다르겠지만, 기본적으로 갖춰야 할 필수 조건이 있습니다. 입고 먹는 걱정을 하지 않도록 의식주를 갖춰야 하며, 밤늦게 길거리를 다녀도 위험하지 않은 안전한 환경을 만들어야 하죠. 국가는 국민이 행복한 삶을 살 수 있도록 이러한 최소한의 조건을 마련해 주는데, 이를 '복지 제도'라 합니다.

우리 생활은 알게 모르게 수많은 복지 제도로 둘러싸여 있습니다. 등굣길에 건너는 횡단보도와 신호등은 국가가 안전과 질서 유지를 위해 설치한 것입니다. 학생들이 건강하고 쾌적하게 공부할 수 있도록 곳곳에 학교를 만들었으며, 교과서나 학교 급식을 무료로 제공합니다. 돈이 부족해 생활에 곤란을 겪는 사람들에게는 보조금을 주기도 합니다.

우리나라 역시 다양한 복지 제도가 갖춰져 있지만, 유럽에는 복지 천국으로 불리는 나라들이 많습니다. 대표적으로 북유럽의 스웨덴을 들 수 있습니다. 스웨덴에서는 의료와 교육을 무상으로 누릴 수 있어요. 정부가 일정 금액을 넘는 병원비와 교육비를 제공하죠. 물론 이들 국가 역시 처음부터 복지 제도를 제대로 갖췄던 것은 아닙니다.

그렇다면 언제부터 국가가 국민의 삶을 돌보기 시작했을까요? 기원은 다양하지만, 1601년 영국에서 만들어진 '빈민법'이 오늘날 복지 제도의 기틀이 되었다고 합니다. 빈민법은 국가가 가난한 사람을 책임지겠다는 내용이 담긴 최초의 법이었습니다.

16세기 영국에서는 모직물 공업이 한창 발달하고 있었습니다. 이에 양털 값이 엄청나게 오르자, 지주들은 수입을 늘리기 위해 농경지를 울타리로 둘러싸고 양을 방목하는 목장으로 만들었습니다. 이를 '인클로저 운동'이라 합니다. 지주들은 양털을 팔아 부를 축적할 수 있었지만 농사 지을 땅을 잃은 농민들은 농촌을 떠날 수밖에 없었습니다. 이들은 일자리를 찾아 도시로 왔습니다. 결국 도시에는 가난한 노동자가 많아지게 되었습니다.

인클로저 운동으로 인해 도시에서 살게 된 가난한 노동자

농촌을 떠나 도시에 온 노동자들은 가난을 피하기 힘들었습니다. 이들의 비참한 삶을 국가가 책임지기 위해 빈민법이 제정되었습니다.

들은 비참하게 생활했습니다. 늘어난 도시 빈민이 사회 질서를 해칠까 우려했던 정부는 이들을 관리하기 위해 여러 정책을 만들었습니다. 그중 하나가 빈민법이죠.

요람에서 무덤까지

이후 유럽 곳곳에서 국가가 빈곤과 노동 문제에 적극적으로 개입했습니다. 특히 19세기 말 독일에서는 파격적인 복지 정책이 시작되었습니다. 혼란스러웠던 독일을 통일한 오토 폰 비스마르크는 사회를 통합하고자 했습니다. 급속한 산업화로 인해 부자와 노동자의 계층 간 갈등이 심각했기 때문이죠. 그는 사회 전반에 물드는 사회주의 운동을 탄압하고 한편으로는 노동자의 국가에 대한 충성심을 확보하기 위해 '사회보험 제도'를 도입했습니다.

병원비를 지원하는 '의료보험', 산업재해가 발생했을 때 보상을 책임지는 '산업재해보험'이 비스마르크가 이루어 낸 대표적인 업적입니다. 지금까지의 복지 제도가 이미 가난해진 사람들을 도와주는 방식에 초점을 뒀다면, 비스마르크 이후의 복지 제도는 국민의 삶이 위험에 빠지지 않도록 사

TIP

오토 폰 비스마르크

오토 폰 비스마르크는 독일의 통일을 이끈 정치가로 지금도 국민적 영웅으로 존경받고 있습니다. 독일은 원래 수십 개의 작은 나라가 '독일 연방'을 이루고 있었습니다. 프로이센 왕국의 정치인이었던 비스마르크는 "통일은 오직 철과 피로써 할 수 있다"라고 주장했는데, 이는 곧 군대의 힘과 병사들의 희생을 의미했습니다. 그래서 국민들은 그를 '철혈재상'이라 불렀죠. 그는 강직한 성격과 뛰어난 외교술로 유럽 대륙에서 세력을 넓혔으며, 현대 사회보장 제도의 기반을 마련하는 등 많은 업적을 남겼습니다.

전에 예방하는 데 초점을 둔 것입니다.

이후 빈부 격차가 커지고 두 차례의 전쟁으로 빈곤층이 더 늘어나자 영국은 새로운 사회와 삶을 준비하기 시작했습니다. 〈베버리지 보고서〉는 미래 세대의 사회복지를 정리한 소중한 결과물이었습니다. 이 보고서는 복지 국가를 한마디로 정리합니다. "요람에서 무덤까지." 즉 국민이 태어나서 죽을 때까지 삶의 전 과정을 국가가 돌봐 준다는 것입니다. 〈베버리지 보고서〉는 현대 사회보장 제도의 근간이 되었으며 우리나라에도 많은 영향을 주었습니다.

오늘날 복지 제도는 우리가 인간다운 삶을 살 수 있도록 도와주고 있습니다. 하지만 복지 제도 때문에 골치 아픈 문제들이 속속들이 등장했습니다. 가장 큰 문제는 역시나 돈입니다. 국민에게 각종 지원을 해주려면 국가는 돈을 충분히 마련해야 합니다. 그렇다면 돈은 어디서 나올까요? 바로 국민으로부터 거둔 세금입니다. 세금은 거둬들이기에 한계가 있으니, 이제 정부는 빚을 내서라도 복지를 실천하고 있습니다. 이대로라면 미래 세대가 받게 될 복지 혜택은 대폭 줄어들지도 모릅니다.

그리고 지나친 복지는 도덕적 해이를 불러왔습니다. 요람에서 무덤까지 정부가 책임지겠다고 하니 누가 열심히 일하려 할까요? 오죽하면 유럽에서는 '실업이 좋은 직업'이라는 말까지 생겼을 정도니, 복지 혜택에 의존해서 살아가려는 사람이 얼마나 많은지 짐작이 갈 것입니다. 복지 제도를 믿고 일하지 않는 사람이 많아지면 사회의 활력이 줄어들고 경제가 어려워지게 됩니다.

복지 제도는 많은 발전을 이루어 왔지만 아직 갈 길이 멉니다. 여전히 빈부 격차는 커지고 있으며 혜택을 받지 못하는 사각지대 역시 존재합니다. 그렇다고 무조건 복지를 늘려도 안 됩니다. 세상에 공짜는 없다는 말처럼, 지금 누리고 있는 복지는 결국 우리와 미래 세대가 갚아 나가야 할 빚이기 때문입니다.

자본주의의 한계를 극복하기 위한 방법

카를 마르크스는 '공산주의의 아버지'라 불리는 인물입니다. 그는 자본주의가 끝내 몰락할 것이라는 무시무시한 예언까지 펼쳤습니다. 지금이야 황당하기 짝이 없게 들리지만, 당시 마르크스의 주장은 들불처럼 퍼져 나갔습니다.

마르크스가 활동할 무렵은 비스마르크의 사회복지 정책

이 등장하기 전이었습니다. 굶어 죽거나 공장에서 밤낮으로 착취당하는 어린이가 흔했으며 비인간적인 대우를 받고 근근이 살아가던 가난한 노동자들이 많았습니다. 당시 마르크스가 목격한 사회 현실이 얼마나 비참했는지는 찰스 디킨스의 책《올리버 트위스트》에 잘 묘사되어 있습니다.

주인공 올리버는 가난한 사람들을 수용하는 기관인 구빈원에서 태어났습니다. 구빈원은 아동 학대를 일삼았는데, 올리버는 죽 한 그릇을 더 달라고 했다가 문제아로 찍혀 장의사에게 팔렸습니다. 장의사의 집에서 일하던 그는 런던으로 도망쳤지만 범죄 소굴에 들어가 갖은 고생을 합니다.《올리버 트위스트》는 사회의 민낯을 정확히 묘사했다는 평가를 받으며 폭발적인 인기를 끌었습니다.

마르크스의 사상은 순식간에 유럽 전역으로 퍼져 나갔습니다. 머지않아 소련 건국을 시작으로 세계 곳곳이 공산주의로 붉게 물들었습니다. 공산주의의 엄청난 파급력은 자본주의 국가들을 공포에 떨게 만들었는데, 이대로라면 언제든 공산주의 깃발이 꽂혀도 이상하지 않을 정도였습니다. 위기의식을 느낀 자본주의 국가들은 서둘러 취약점을 보완하고자 했습니다. 해결책은 국가 개입과 복지 제도 정비에 있었습니다.

세계적인 경제학자 존 메이너드 케인스는 경제에 깊숙이

뿌리 내린 애덤 스미스의 사상에서 벗어나야 한다고 주장했습니다. 애덤 스미스는 시장이 '보이지 않는 손'에 의해 저절로 작동하므로 국가는 치안 유지만 잘하면 된다고 했습니다. 하지만 케인스가 보기에 정부만이 사회 문제를 해결해 줄 수 있었죠. 그는 지금 시장이 지나치게 불평등하므로 정부가 세금을 통해 부를 재분배함으로써 부유층의 독점을 막고 소비가 활성화되도록 나서야 한다고 주장했습니다.

마침 미국에서도 케인스의 이론에 딱 들어맞는 정책이 펼쳐졌습니다. 1930년대 대공황 당시, 위기에 빠진 자본주의를 구하기 위해 시작된 '뉴딜 정책'이 바로 그것이죠. 국가가 직접 대규모 사업을 벌여 일자리를 만들었으며, 노동자의 최저임금을 법으로 정했습니다. 또 65세 이상 노인, 실업자, 장애인에게 연금을 지급하는 등 오늘날에는 당연하지만 당시에는 파격적인 정책을 펼쳤습니다. 필요한 비용은 부유한 사람들로부터 더 많은 세금을 걷어 마련했습니다.

처음에는 뉴딜 정책에 반감을 지닌 사람이 많았습니다. 모든 것을 시장에 맡기는 자유방임주의가 널리 퍼져 있었던 시기라, 정부가 지나치게 개입하는 모습이 마치 공산주의를 떠올리게 했기 때문이죠. 다행히 사람들의 우려와는 다르게 뉴딜 정책은 성공적이었습니다. 이때부터 정부가 앞장서 경제 문제를 해결해야 한다는 자본주의의 두 번째 버전인 '수정자본주의' 시대가 펼쳐졌습니다. 국민이 태어날 때부터 죽을 때까지 필요한 것을 국가가 보장한다는 "요람에서 무덤까지"라는 말이 나온 것도 이 시기입니다.

새로운 자유주의의 시대

1970년대 말, 석유 파동으로 경제 불황이 닥치자 이야기가 달라졌습니다. 경제가 어려워졌다는 말은 세금이 걷히지 않는다는 말이기도 하는데, 이 말은 곧 기존의 복지 제도를 그대로 유지하기가 벅차다는 말이었습니다. 결국 정부는 실패를 인정하고 복지 제도를 줄줄이 철폐했습니다.

시작은 영국이었습니다. 겉으로는 복지 천국으로 불렸지만 실상은 심하게 곪아 가고 있었습니다. 경제가 어려워져 실업자가 160만 명이나 되었지만, 이 중에는 일할 능력이 있음에도 복지에 의존해 일하지 않는 사람도 많았습니다. 문제 해결은 영국 수상 마거릿 대처의 손에 달려 있었습니다.

영국 최초의 여성 총리이자 이른바 '철의 여인'이라는 별명으로 더 유명한 마거릿 대처는 강한 의지로 정책을 밀어

붙이며 영국의 경제 위기를 극복해 냈습니다. 하지만 별명에서 알 수 있듯, 노동자의 파업에 피도 눈물도 없는 냉정한 모습을 보이며 노동자의 적으로 몰리기도 했죠. 대처는 '정부가 이토록 개입하는데도 경제 문제가 발생한다면, 큰 정부가 과연 문제 해결을 위한 올바른 대답인가?' 하는 고민을 시작했습니다. 정치에서는 경제, 복지 등 국민의 생활에 적극적으로 개입하는 정부를 '큰 정부', 국민의 생활에 개입하지 않고 최소한의 역할만 하는 정부를 '작은 정부'라고 부릅니다. 둘 중 작은 정부의 길을 택한 대처는 세금 퍼주기를 멈추었습니다. 자본주의의 세 번째 버전인 '신자유주의' 시대가 열린 것입니다.

'정부에 의존하지 말고 스스로 문제를 해결하라'는 대처의 해결 방법은 분명 경제 문제에 도움을 주었지만, 이후 지나친 빈부 격차 등의 부작용을 낳았기에 오늘날 대처에 대한 평가는 엇갈리는 편입니다.

미국에서도 시장에 자유를 주겠다는 공약을 내세운 로널드 레이건이 대통령이 되면서 효율과 성장을 중시하는 신자유주의는 새로운 시대 분위기가 되었습니다. 다행히 정부가 역할을 줄이자 경제는 다시 살아나기 시작했습니다. 정부가 기업의 세금을 덜어 주고 규제를 풀어 주자 코카콜라, 맥도

마거릿 대처는 강력한 신자유주의 정책을 펼치며 영국의 경제 위기를 극복했지만, 국가 기반 시설의 민영화와 지나친 빈부 격차 등을 낳았다는 평가도 받습니다.

날드 같은 거대 기업들은 국적을 초월한 다국적 기업으로 발돋움했습니다. 작은 정부가 기업과 국가 경쟁력을 강화한다는 사실이 증명된 것입니다.

이처럼 자본주의는 위기를 겪으며 끊임없이 모습을 바꿔왔습니다. 그럼 같은 시기 공산주의는 어떻게 되었을까요? 공산주의 국가의 상황은 상상 이상으로 어려웠습니다. 국가

주도의 경제 정책이 오히려 경제를 파탄 내면서, 그들이 꿈꿨던 '모두 잘사는 세상'은 물거품이 되어 버렸습니다. 결국 소련이 해체되며 마르크스의 실험은 사실상 실패로 끝났습니다. 이는 곧 자본주의의 승리를 의미했습니다.

역사는 돌고 돕니다. 코로나19로 시작된 경제 위기를 타개하기 위해 각국 정부의 역할은 점점 커져 가고 있습니다. 그렇다면 자본주의의 두 번째 버전으로 돌아가는 것일까요? 그렇지는 않습니다. 두 번째도, 세 번째도 아닌 네 번째 버전이 새롭게 모습을 드러낼 것입니다. 우리는 역사를 통해 배웠습니다. 무엇보다 중요한 것은 자본주의냐, 공산주의냐 하는 이념 다툼이 아니라, 시장과 정부의 균형이라는 사실을 말이죠. 이를 교훈으로 삼아 같은 실수를 반복하지 않는 것이 미래를 살아갈 우리의 몫입니다.

맬서스의 우울한 신세계

미국의 마블 스튜디오가 제작한 영화 〈어벤저스: 인피니티 워〉에는 빌런 타노스가 등장합니다. 타노스는 자신의 고향 행성인 타이탄이 맞닥뜨린 암울한 미래를 간파하죠. 타이탄 행성의 자원이 급속도로 줄어들고 있었지만, 인구가 줄어들지 않아 결국 종말을 맞을 위기에 처한 것입니다. 타노스는 위기를 극복하기 위해 여러 행성을 다니며 생명체의 절반을 죽입니다. 이것도 모자라 그는 6개의 인피니티 스톤들을 붙인 건틀렛을 착용하고 손가락을 튕겨 우주 모든 생명체의 절반을 한 번에 없애 버리고 말죠. 현실판 타노스가 있다면 믿을 수 있겠나요? 바로 18세기 영국의 경제학자 겸 신학자였던 토머스 맬서스 이야기입니다.

영국의 부유한 가정에서 태어난 토머스 맬서스는 케임브리지 대학교를 우등으로 졸업한 수재였습니다. 성직자로 활동하던 그는 일찌감치 인류의 미래를 걱정하기 시작했습니다. 그리고 1798년 자신의 고민과 연구를 담은 저서 《인구론》을 펴냈죠. 《인구론》에는 타노스의 계획만큼 섬뜩한 인류 멸망론이 펼쳐져 있었습니다.

식량이 느는 속도는 인구가 늘어나는 속도를 따라잡지 못한다. 결국 먹을 것이 부족해진 인류는 멸망할 것이다. 기술이 발달해서 식량 생산이 조금 더 늘어나면 무엇하나? 인류는 그보다 훨씬 더 많이 늘어나 질병이 걷잡을 수 없이 퍼지고 전쟁이 일어날 것이다. 인구가 줄어들어

잠깐 사정이 좋아질지는 모른다. 하지만 이런 악순환은 끊임없이 반복될 것이며, 인류는 이 악순환에서 빠져나오지 못한다.

허무맹랑하게 들릴 법도 하지만, 인구 종말을 외치는 맬서스의 불길한 주장은 크게 호응을 얻으며 온 나라를 떠들썩하게 했습니다. 그렇지 않아도 당시 영국에서는 전쟁과 흉년으로 폭동이 심심찮게 일어났기 때문입니다.

맬서스에 따르면 인구 증가를 막는 방법은 두 가지였습니다. 하나는 기아나 전염병, 전쟁으로 인구가 자연스럽게 줄어드는 것이고, 하나는 출산을 억제해 인구를 일부러 통제하는 것입니다. 맬서스는 후자의 방법을 주장했습니다. 즉 인류 전체의 이익과 행복을 위해 가난한 계층의 출산을 억제해야 한다는 말이었습니다. 그의 주장대로 영국 정부는 법을 고쳐 가난한 사람들을 위한 복지를 줄였습니다. 가난은 개인의 문제로 비롯된 것이며, 따라서 국가가 가난한 사람을 도와줄 의무는 없다고 생각한 것이죠.

이 외에도 맬서스는 줄곧 부자들의 편에 서는 주장을 하면서 비정한 경제학자로 많은 비난을 받았습니다. '곡물법' 사건이 대표적입니다. 프랑스와 전쟁이 끝나자 영국의 곡물 가격은 안정을 되찾았습니다. 하지만 땅을 가진 지주들은 곡물 가격이 비싸길 원했습니다. 그래야 땅의 가치가 높아지기 때문이었죠. 국민들은 분노했지만, 결국 곡물 수입을 금지하는 '곡물법'이 만들어지며 다시 가격이 올랐습니다. 이때, 지주들의 손을 들어 준 사람이 맬서스였습니다.

식량이 넘쳐 나는 사회

그렇다면 맬서스는 잔인한 악당이었을까요? 그렇지는 않습니다. 비록 문제 해결 방식이 잔인했지만, 그는 결코 인간의 존엄성과 개개인의 가치를 부정하지 않았습니다. 오히려 영국 노동자와 빈민들의 삶을 들여다보며, 저소득층 한 사람 한 사람이 받는 혜택이 늘어나길 원했습니다. 이후 맬서스는 사람들의 비난을 이겨 내고 수많은 연구를 남기며 경제학의 발전에 기여했습니다.

다행히 맬서스의 예언은 빗나갔습니다. 인구가 기하급수적으로 늘어나 식량이 부족해지는 일은 일어나지 않았습니다. 오히려 우리는 남아도는 음식을 주체하지 못해 버리는 실정이죠. 맬서스는 왜 틀렸을까요? 그는 인구 증가만 보았을 뿐, 기술 발달을 예측하지 못했습니다. 이후 계속된 산업 혁명과 기술 혁신 덕분에 농업 생산량은 비약적으로 늘었습니다. 그 결과, 지난 200년 동안 세계 인구는 약 6배 늘었는데 식량은 그보다 더 폭발적으로 불어났습니다.

맬서스는 산업혁명이라는 대사건의 한가운데 서 있었지만, 그것이 불러올 엄청난 변화를 예상하지는 못했을 것입니다. 당시는 분명 영국의 황금기였지만 여전히 산업혁명 초기였기에 식량 문제는 심각했습니다. 그러니 식량이 넘쳐난다는 것을 상상조차 하기 힘든 시기였죠.

인구 폭발 시대에서 저출생의 시대로

맬서스의 가설은 틀렸지만 그의 주장은 20세기 중후반까지도 세계 곳곳에 영향을 미쳤습니다. 제2차 세계대전이 끝나고 세계적으로 인구가 급증한 게 한몫했습니다. 미국, 유럽, 소련의 인구가 크게 늘어났고, 독립한 개발도상국들의 출산율이 높아졌습니다. 게다가 의료 기술이 발달하며 사망률이 뚝 떨어졌으며 평균수명은 늘었습니다.

개발도상국에게 인구 증가는 결코 반가운 일이 아니었어

요. 국민 복지에 돈을 쓰다 보면 산업에 투자할 여력이 없어지기 때문입니다. 그래서 20세기 우리나라를 비롯한 동아시아 지역은 출산을 막는 산아제한 정책을 강력하게 시행했습니다. 1960년대 우리나라 방방곡곡에는 "덮어놓고 낳다 보면 거지꼴을 못 면한다"라는 표어가 붙어 있었고, 1980년대에는 "하나만 낳아 잘살자"라는 구호가 나돌았습니다.

하지만 순식간에 상황은 반전되었습니다. 21세기에 들어 맬서스의 우울한 예언은 완전히 잊히고 있습니다. 이제 우리는 고령화와 인구 절벽을 걱정하는 처지에 놓여 있습니다. 정부는 저출산 해결을 위해 복지에 천문학적인 돈을 쏟아붓고 있습니다. 맬서스가 살아 돌아온다면 지금의 광경을 도무지 믿지 못할 것입니다.

우리나라의 저출산과 인구 절벽 문제는 세계적으로 심각한 수준입니다. 지난 2020년 국내 총인구는 정점을 찍은 후 내리막길에 접어들었습니다. 정부는 아이를 기르고 가르치는 데 드는 금전적 부담을 덜어 주기 위해 다양한 지원을 하고 있습니다. 만 6세 미만 아동에게 매월 아동수당을 지급하며, 보육비를 지원해 줍니다. 자녀를 키우는 부모에게는 세금을 줄여 주며, 어린 자녀를 키우는 동안 일을 쉬는 육아휴직 제도도 확대하고 있습니다. 하지만 안타깝게도 큰 효과를 보이지 못하고 있어 사회 각계각층에서 머리를 맞대어 문제 해결을 위해 노력하고 있습니다.

맬서스는 과거를 보며 살았습니다. 인간의 기술이 아무리 발달해도 삶의 질은 최저 수준에서 머물 것이라 본 것이죠. 여태껏 인류의 역사가 그래 왔기 때문입니다. 하지만 중요한 것은 미래입니다. 영화 〈어벤저스: 인피니티 워〉에서 결국 타노스를 물리치고 인류를 구원하는 것은 첨단 기술로 몸을 감싼 아이언맨입니다. 긍정적인 미래를 꿈꾸는 사람들은 기술을 혁신해 인류 번영에 이바지했습니다. 결국 세상을 바꾸는 것은 미래를 바라보는 사람들입니다.

부유세를 내세요

2022년 세계 억만장자 102명이 성명서를 발표했습니다. "우리 부자들에게 세금을 더 물리세요. 지금 당장이요." 이들은 코로나19 팬데믹으로 수많은 사람이 빈곤으로 내몰렸지만, 오히려 자신들의 재산은 늘어났다며 일명 '부유세'라 부르는 세금으로 불평등을 해소하자고 했습니다.

부유세는 1910년 스웨덴에서 탄생했습니다. 말 그대로 부자의 세금을 늘리는 정책으로, 돈을 많이 번 사람에게서 많이 걷고 적게 번 사람에게서는 적게 걷어 불균형을 맞추자는 것입니다. 이 취지에 공감한 다수의 유럽 국가들이 스웨덴을 따라 부유세를 도입했으며, 이들은 성공적인 복지 국가로 발을 내딛는 것처럼 보였습니다.

하지만 머지않아 사회 곳곳에서 부작용이 나타났습니다. 세금을 피해 해외로 도피하는 기업과 국민이 늘어난 것이죠. 특히 몇몇 국가에서는 정치인들이 표를 얻기 위해 부유세를 이용했습니다. 단지 대다수 서민의 지지를 얻기 위해 충분한 고려 없이 부유세를 도입한 것입니다. 결국 부유세는 점점 자취를 감추게 되었습니다.

2011년, 미국의 억만장자 워런 버핏은 명맥만 유지하던 부유세에 기름을 부었습니다. 그는 자기 같은 부자들이 오히려 일반 사람들보다 더 많은 혜택을 입고 있다며 소득이 높은 사람들에게서 엄격하게 세금을 걷어야 한다고 주장했습니다. 하지만 모든 부자들이 버핏의 생각에 동의하는 것은 아니었습니다. 반대하는 사람들의 저항도 만만치 않았죠.

부유세를 찬성하는 사람들은 두 가지 이유를 듭니다. 첫째, 복지를 위한 돈을 마련할 수 있습니다. 오늘날 세계 각국은 국민의 복지에 큰돈을 쓰고 있습니다. 하지만 수입보다 지출이 훨씬 많은 것이 현실입니다. 우리나라가 지금과 같은 속도로 복지에 돈을 쓴다면 2055년에 국민에게 줄 연금이 바닥날 것이라는 연구 결과가 있습니다. 즉 은퇴 후 국가로부터 연금을 받지 못할 위험이 있습니다. 이를 막기 위해서는 국가가 세금을 많이 확보해야 합니다.

부유세를 거두어 복지에 보태면 문제를 해결할 수 있습니다. 단, 서민들에게서 세금을 더 많이 거둬선 안 됩니다. 서민들이 지갑을 열지 않게 되면 결국 경제가 침체되기 때문이죠. 세계를 위기로 몰아간 대공황 역시 서민들의 구매력이 떨어지면서 생겨난 재난이었습니다. 그런데 부자들에게서 세금을 더 많이 걷는다 해도 그들은 여전히 쓸 돈이 많습

세계 여러 나라에서 부자들에게 세금을 더 걷는 부유세를 통해 복지 문제를 해결하라는 요구가 일고 있습니다.

니다. 그러니 구매력이 낮아질 걱정은 없습니다.

둘째, 불평등을 조금이나마 해소할 수 있습니다. 오로지 자신의 힘만으로 부자가 된 사람은 없습니다. 부자들이 많은 돈을 벌 수 있었던 배경에는 이들을 뒷받침해 주는 사회가 있었습니다. 따라서 부자들은 번 돈의 일부를 사회에 환원해 약자를 도와야 합니다. 노블리스 오블리주 Noblesse Oblige 를 실천하는 사람이 많아질수록 우리 사회는 더욱 성숙해질 것입니다.

노블리스 오블리주

노블리스 오블리주는 '귀족은 의무를 진다'는 의미의 프랑스어 표현입니다. 귀족들은 태어나면서부터 타고난 신분에 따라 각종 혜택을 받는 만큼 행동에 모범을 보이고 사회에 대한 책임을 다해야 한다는 뜻입니다. 이는 초기 로마 시대에 왕과 귀족들이 보인 투철한 책임감에서 비롯되었습니다. 비록 오늘날 신분제는 사라졌지만, 사회 지도층이 노블리스 오블리주를 실천하면 다른 사회 구성원들의 본보기가 되어 사회를 단합하게 하는 효과가 있다고 알려져 있습니다.

불평등이 극이 달했을 때

만약 불평등을 해결하기 위해 아무런 노력도 기울이지 않으면 어떻게 될까요? 역사적으로 불평등이 극에 달했을 때, 사람들은 참지 않고 일어섰습니다. 대표적인 사건이 프랑스 대혁명입니다. 귀족들이 자신의 안위를 위해 서민들을 고통으로 내몰자, 서민들은 왕을 내쫓고 세상을 바꿔 버렸습니다.

부유세를 반대하는 사람들은 다음의 이유를 내세웁니다. 첫째, 이미 부유층은 많은 세금을 내고 있습니다. 국가는 소득과 재산에 비례해서 세금을 다르게 매깁니다. 이를 '누진세'라고 합니다. 누진세란 금액이 많아질수록 점차 높은 세율을 적용하는 방식입니다. 우리나라에서는 소득을 8단계로 나누어 가장 높은 단계의 사람들은 소득의 45%를 세금으로 내고, 가장 낮은 단계의 사람들은 6%의 세금을 냅니다. 그런데 또 다른 세금을 매기면 과연 공정할까요?

부유세는 사회 갈등을 줄이고 소득 불평등을 해소하기 위해 만들어졌습니다. 하지만 계층 간 갈등을 심화시킬 뿐 아니라 오히려 심각한 사회 분열을 가져올 가능성도 높습니다. 부자에 대한 정의를 내리는 일도 어려울 것이고요.

둘째, 국가 경제가 황폐해집니다. 기업과 인재가 부유세를 피해 해외로 빠져나가는 부작용이 생깁니다. 이러한 문제 때문에 1995년에는 유럽 15개 나라에 부유세가 있었으나, 현재는 단 4개 나라에만 남아 있습니다. 프랑스는 부유세로 홍역을 치른 대표적인 나라입니다. 2012년, 프랑스 정부는 고소득자에게 무려 75%의 세금을 물렸습니다. 기업들은 이에 반발해 해외로 이주했으며, 급기야 이민을 가는 부자도 늘었습니다. 세금을 더 걷으려다가 엄청난 액수의 나랏돈이 빠져나가는 부메랑을 맞은 것이죠. 결국 프랑스 정부는 2년 만에 제도를 폐지하고 말았습니다.

셋째, 부유세는 기업의 투자 의욕을 꺾습니다. '어차피 돈 벌어봤자 세금으로 다 나간다'고 생각하게 되면 기업은 투자를 줄입니다. 투자 감소는 자연스레 일자리 감소로 이어지고 실업자를 만듭니다. 악순환에 빠지는 것이죠.

이 순간에도 세상은 빈부 격차를 줄이는 방법을 찾기 위해 노력하고 있습니다. 부유세 역시 그러한 노력의 하나입니다. 다양한 시행착오를 겪으며 우리 사회는 더 나은 방법을 찾아내고 있습니다. 그렇게 하다 보면 빈부 격차의 그림자가 사라지지는 않을지라도 점차 줄어들 것입니다.

공유

소유하지 않고도

살아갈 수 있을까?

'소유'하는 것이 꿈인 시절이 있었습니다. 사람들은 휴대전화, 자동차, 집 같은 물건을 갖는 것이야말로 잘사는 것이라 믿어 왔습니다. 하지만 오늘날 '소유'의 의미는 점점 빛이 바래고 있습니다. 일찍이 2000년에 세계적인 미래학자 제러미 리프킨은 《소유의 종말》이라는 책을 통해 '소유' 대신 '공유'가 중심이 되는 새로운 세상에 접어들 것이라고 예견했습니다. 그리고 그의 통찰력은 이미 현실이 되었습니다. 사람들은 내게 필요 없는 물건을 다른 사람에게 빌려주고, 물건을 소유하지 않고 필요한 만큼 빌려 쓰는 합리적인 방법을 찾아냈습니다. '공유 경제'가 시작된 것입니다.

지는 '소유', 또는 '공유'

공유 경제는 쉽게 말해 '나눠 쓰기'입니다. 나눠 쓰기는 아주 오래전부터 친구나 이웃 간에 흔하게 이루어졌습니다. 자주 쓰지 않는 물건을 다른 사람에게 공짜로 빌려줄 수도 있었지만, 때로는 약간의 돈을 받고 빌려주기도 했죠. 빌려 쓰는 사람도 사는 것보다 적은 비용으로 물건을 쓸 수 있으니 이를 마다할 리 없었습니다.

그런데 만약 나눠 쓰기의 범위를 이웃이 아닌 국가, 나아가 세계로 넓히면 어떨까요? 그러니까 우리 집의 남는 방을 외국인 관광객에게 빌려주면 좋지 않을까요? 방을 빌려주고 돈을 받는 일은 호텔이나 할 수 있는 사업 아니냐고 물을 수도 있습니다. 하지만 천만의 말씀! 기술이 발전하면서 이런 일은 이미 현실이 되었을 뿐 아니라 거대한 산업으로 성장했습니다. 여기에는 '공유 경제'라는 이름도 붙었습니다.

처음에 공유 경제는 경제 불황을 극복하기 위한 해결책으로 등장했습니다. 2008년 금융위기 이후, 세계 경제가 가라앉으면서 기업과 소비자 모두 깊은 고민에 빠졌습니다. 기업들은 넘쳐 나는 물건을 어떻게 활용해야 할지 몰라 골치 아팠으며, 주머니 사정이 빠듯해진 소비자들은 원하는 모든 물건을 살 수는 없으니 기회비용을 고려해 자신에게 더 가치 있는 것으로 선택해 소비하길 원했습니다. '공유'는 기가 막힌 해결책이었습니다. 즉 기업이 소비자에게 돈을 받고 일정 기간 물건을 빌려주면 되는 일이었으니까요.

IT 기술로 날개를 단 공유 경제

기업과 소비자는 어떻게 만날 수 있을까요? 때마침 IT 기술이 빠르게 발전하고 있었습니다. SNS와 각종 애플리케이

TIP

기회비용

돈과 시간은 한정되어 있습니다. 이러한 자원의 희소성 때문에 우리는 늘 선택의 순간에 서게 됩니다. 결국 무언가를 포기하게 되는데, 포기한 것 중 가장 큰 가치를 지니는 것을 기회비용이라고 합니다. 예를 들어, 1만 원으로 떡볶이를 먹을까 게임 머니를 충전할까 고민하다 떡볶이를 선택했다고 합시다. 그럼 게임 머니 충전은 기회비용이 됩니다. 잘못된 선택으로 후회하지 않으려면 선택의 길에 섰을 때 가장 큰 만족을 얻을 수 있으면서 기회비용이 작은 쪽을 선택해야 합니다.

션은 멀리 떨어져 있는 기업과 소비자를 실시간 연결해 주는 역할을 톡톡히 해냈습니다. 그리고 '공유'는 이미 만들어져 있는 것을 활용하므로 불필요한 낭비를 줄여 환경 문제 해결에도 도움을 줄 터였습니다.

삼박자가 맞아떨어지면서 공유 경제는 세상을 바꿀 수 있는 아이디어로 여겨지기 시작했습니다. 이후 지구촌에서 곳곳에서 공유 경제를 활용한 사업이 벌어졌는데, 그중에는 엄청난 성공을 거둔 기업도 생겨났습니다.

에어비앤비^AirBnB는 2008년 미국에서 시작된 숙박 공유 서비스입니다. 에어비앤비의 창업자인 브라이언 체스키와 조 게비아는 실직 후 돈이 필요했습니다. 마침 그들이 살던 샌프란시스코에 커다란 행사가 열렸는데, 호텔이 꽉 차 숙소를 구하지 못하는 사람들이 많았습니다. 둘은 이를 보고 아이디어를 냈습니다. "여행객들에게 자신의 아파트 일부를 빌려주고 아침을 제공하는 대가로 돈을 받으면 어떨까?" 이들의 아이디어는 적중했고, 여행객들은 무척 좋은 반응을 보였습니다.

두 사람은 곧바로 홈페이지를 만들어 방을 빌려주길 원하는 사람과 관광객들을 연결해 주는 사업을 시작했습니다. 회사 이름은 자신들이 빌려준 공기 침대와 아침 식사에서

따와 에어베드&브렉퍼스트, 줄여서 '에어비앤비'라고 지었습니다. 현재 에어비앤비는 100년 전통을 보유한 세계적인 호텔 브랜드를 제치고 가장 가치 있는 숙박 기업이 되었습니다.

2008년, 트래비스 캘러닉은 프랑스 파리에 출장을 갔습니다. 30분이나 기다렸는데도 택시를 잡지 못해 짜증이 난 그는, 스마트폰 버튼 하나로 택시를 부를 순 없을까 생각하게 되었습니다. 그리고 우버^{Uber}라는 애플리케이션을 만들어 아이디어를 실현시켰습니다. 우버는 택시를 소유하지도, 운전기사를 고용하지도 않습니다. 단지 승객과 운전기사를 연결하는 모바일 차량 예약 서비스를 제공할 뿐이죠. 우버는 택

시범 운행 중인 우버의 자율주행 자동차입니다. 우버 택시는 소유하지 않고 공유하는 경제의 새로운 모델을 보여 주었어요.

시 문화를 변화시켰습니다. 택시 기사가 아닌 누구라도 자동차를 갖고 있으면 운전을 해주고 돈을 벌 수 있게 되었습니다. 또 승객들은 오랫동안 택시를 기다릴 필요가 없게 되었습니다. 이러한 편리함 덕분에 우버는 전 세계로 뻗어 나가게 되었습니다.

공유 경제 안에서는 모든 참여자가 이익을 얻습니다. 서비스 제공자는 돈을 벌고 이용자는 돈을 절약하죠. 또 새로운 일자리가 만들어지며 경제에도 도움을 줍니다. 그래서 에어비앤비와 우버는 세계적 호텔 회사와 자동차 회사의 가치를 뛰어넘기도 했습니다. 건물과 자동차를 소유하지 않고서도 이런 성과를 이룩했다는 사실에 세상은 열광했고, 이후 각종 공유 사업이 만들어졌습니다.

그렇다면 공유 경제에는 좋은 점만 있을까요? 세상 모든 일과 마찬가지로, 공유 경제 역시 양면성을 지니고 있습니다. 신뢰와 안전이 보장되지 않아 범죄에 쉽게 노출된다는 점이 가장 큰 단점으로 꼽히죠. 게다가 공유 물건을 함부로 다뤄서 또 다른 낭비가 일어날 수 있다는 예상치 못한 단점도 존재합니다.

기존에 같은 영역에 있던 사람들의 반발을 사기도 합니다. 우버는 우리나라에 진출했다가 택시 업계의 격렬한 반대에

부딪혀 사업을 접어야 했습니다. 같은 승객을 두고 경쟁해야 하기 때문에 생존권에 위협이 된다는 이유에서였죠.

앞으로 공유 경제는 어떤 모습으로 발전할까요? 어떤 사람들은 공유 경제가 자본주의의 네 번째 단계라 믿었습니다. 하지만 코로나19로 공유 경제가 위축되며 이들의 예측은 빗나갔습니다. 그렇지만 우리는 큰 수확을 얻었습니다. '나눔'과 '공유'가 사회 전체의 행복을 늘린다는 사실이죠. 내가 갖고 있는 공유 자원에는 어떤 것이 있을까요? 공유 경제 사회의 일원으로서 함께 고민해 보면 분명 세상을 바꿀 만한 놀라운 아이디어가 나올 것입니다.

인간의 이기심이 부르는 공유지의 비극

누구나 학교 화장실 변기 뚜껑 올리기가 두려웠던 경험이 있을 겁니다. 닫힌 뚜껑 너머에서 무엇을 발견하게 될지 몰라서죠. 자기 집 화장실에서라면 일어나지 않았을 일이 왜 공중 화장실에서는 흔하게 발생하는 걸까요? 바로 '공유지의 비극' 때문입니다.

아무나 와서 이용할 수 있는 목초지, 즉 공유지가 있다고 해봅시다. 양치기들은 가축을 끌고 와 공짜 땅에서 풀을 뜯게 합니다. 이들은 한 마리라도 양을 더 몰고 와 풀을 먹이려 할 것이므로 비옥했던 공유지는 머지않아 황폐해집니다. 나아가 가축은 굶어 죽으며, 양치기는 생계가 어려워지는 비극이 발생합니다. 이는 실제로 17세기 초 미국 보스턴의 공동 방목지에서 있었던 일이었습니다.

학교 화장실은 대가 없이 사용할 수 있는 공유지입니다. 볼일을 보고 물을 내리지 않아도 아무도 책임을 묻지 않으니 함부로 사용하게 되고, 내 것이 아니니 굳이 아끼려는 마음이 없습니다. 환경 오염 역시 공유지의 비극입니다. 인류는 지구라는 공유지를 무대로 이기적인 경쟁을 계속해 왔습니다. 기업은 돈을 벌기 위해, 소비자는 욕망을 충족시키기 위해 지구 구석구석의 모든 자원을 과도하게 사용했고, 결국 오존층 파괴, 해수면 상승 등의 기후 위기를 불러왔습니다. 전 세계는 온실가스 배출권 거래제를 도입해 기후 위기에 대응하고 환경을 보호하려 노력하고 있습니다.

공유지의 비극으로 망한 회사도 있습니다. 중국의 공유 자전거 기업 오포Ofo입니다. 오포는 세계 최대의 공유 자전거 사업을 했던 중국의 기업입니다. 장밋빛 미래 덕분에 회사는 많은 돈을 투자받으며 승승장구했습니다. 하지만 공유

온실가스 배출권 거래제

지구 온난화 문제가 심각해지자 '함께 썼으니 함께 책임지자'는 목소리가 높아졌습니다. 이에 각국별로 온실가스 배출량을 정했습니다. 배출량을 줄이기 힘들다면 배출량이 남는 다른 나라로부터 돈을 주고 배출권을 살 수 있게 만들었습니다. 하지만 온실가스를 가장 많이 배출하는 미국과 중국, 일본, 러시아가 발을 빼면서 문제가 생겼습니다. 부담이 커져 국제 사회에서 경쟁력이 떨어질 것이라는 기업의 거센 주장이 있었기 때문입니다. 우리나라는 2015년부터 기업끼리 탄소배출권을 사고팔 수 있는 거래 제도를 실시하며 온실가스를 줄이기 위해 노력하고 있습니다.

지의 비극에 대처하지는 못했습니다. 사람들은 오포 자전거를 훔치거나 다른 사람이 탈 수 없도록 체인으로 묶어 놓기도 했으며, 바퀴와 같은 부품을 빼서 팔기도 했습니다. 한때 2,300만 대가 넘는 자전거를 보유했지만, 이익보다 손실이 더 컸던 오포는 손해만 잔뜩 안은 채 망하고 말았습니다.

공유지의 비극을 막으려면

인간의 이기심에 뿌리를 둔 공유지의 비극을 피할 수 없다면, 이를 극복하기 위해 어떤 노력을 할 수 있을까요? 오랜 세월 사람들은 해결 방법을 둘러싸고 머리를 맞댔습니다.

가장 쉬운 방법은 법으로 다스리는 것입니다. 인간의 이기심을 막을 수는 없으므로 국가가 통제해야 한다는 주장이죠. 공유지를 훼손하는 사람들에게 벌금을 매기는 등 조치를 취하는 식입니다. 미국의 경우, 특정 구역에서 낚시나 사냥을 하려면 면허가 필요하고, 그것도 1년에 일정 기간만 허용하고 있습니다. 이처럼 법으로 엄하게 다스린 덕분에 생태계가 유지되고 있습니다.

물론 이 역시 생각만큼 간단하지는 않습니다. 법을 정확하고 공정하게 만들기가 어렵기 때문입니다. 사람들이 얼마만큼의 이득과 피해를 봤는지 측정하고 벌금을 매기는 일은 결코 간단하지 않습니다. 법을 만들었다고 해서 끝이 아닙니다. 국가가 끊임없이 감시하고 적발해야 할 텐데, 이를 위한 시간과 비용을 고려하면 경제적이지도 않습니다.

소유권을 주는 방법도 있습니다. 자연이 파괴되고 자원이 고갈되는 이유는 누구나 쓸 수 있는 '공유재'이기 때문입

무분별한 개발과 성장은 지구라는 공유지의 비극으로 다가왔어요. 세계는 지구 온난화라는 위기를 마주하고 있어요.

니다. 만약 '소유권'이 있다면 이런 일은 쉽사리 일어나지 않습니다. 건물 화장실을 누구에게나 개방해 두면 금세 더러워지지만, 잠금장치를 설치하면 비교적 청결하게 관리할 수 있는 것처럼 말이죠. 하지만 이 방법 역시 문제를 시원하게 해결해 주지는 못합니다. 자연의 소유권은 정할 수 없기 때문입니다.

끝이 보이지 않을 것 같던 문제에 획기적인 해결책을 제시한 인물이 등장했습니다. 미국의 정치학자 엘리너 오스트롬입니다. 그녀는 공유지의 비극을 해결할 방법을 증명한 공로로 2009년 노벨경제학상을 받았습니다. 과연 그녀가 제시한 세 번째 해결책은 무엇이었을까요?

'공유지의 비극' 문제는 국가도 시장도 아닌 공동체가 해결할 수 있습니다. 이미 세계에는 정부의 통제 없이 사람들 스스로 문제를 해결한 사례가 많습니다. 몽골 유목민이 대표적입니다. 유목 생활을 하는 몽골의 공동체는 목초지를 스스로 관리합니다. 이동했다가 나중에 돌아왔을 때 목초지가 무사히 있어야 먹고 살 수 있기 때문이죠. 이처럼 공유지를 잘 가꾸는 것이 자기 자신에게도 도움이 된다면 인간은 자발적으로 관리에 나설 것입니다. 따라서 지역 공동체가 소통과 합의를 통해 규칙을 만들고 서로 감시하고 규제하도록 맡기면 됩니다.

물론 대부분의 문제가 그렇듯, 공유지의 비극 역시 단 하나의 명쾌한 해법은 존재하지 않습니다. 오스트롬이 제시한 공동체적 해결 방법 역시 성공보다 실패 사례가 더 많습니다. 때로는 공유 대신 개인의 소유를 통해 문제를 해결할 수 있고, 때로는 국가 권력이 개입하는 것이 도움이 될 수 있습니다. 오스트롬은 무엇보다 중요한 것은 성숙한 시민의식이라 강조했습니다. 우리부터 실천해 보면 어떨까요? 다른 친구들을 위해 화장실 휴지를 아껴 쓰고 물은 꼭 내리고 나오는 사소한 것부터 실천할 수 있습니다. 우리의 작은 실천이 모여 공유 사회를 지탱할 뿌리를 이룰 것입니다.

초연결 시대의 새로운 기업 형태

아침 8시, 집에서 나와 이어폰을 꽂은 뒤 유튜브로 음악을 듣는다. 같이 등교하기로 한 친구와 카카오톡으로 메시지를 주고받는다. 학교가 끝나고 조원들과 수행평가 자료 조사를 하기 위해 도서관에 들렀다. 요즘은 네이버나 구글 검색만 이용하면 원하는 정보를 거의 다 찾을 수 있다. 집에 왔더니 엄마가 배달 앱으로 주문한 떡볶이가 막 도착해 있었다. 얼른 손 씻고 나와 떡볶이 사진을 찍었다. 인스타그램에 올리기 위해서다. 배부르게 먹고 보니 좋아요가 20개나 눌렸다. 친구가 남긴 댓글에 대댓글도 달았다. 숙제하고 침대에 누워 넷플릭스를 켰다. 재밌는 프로그램 하나 보고 나니 벌써 잘 시간이다.

아마 위와 같은 생활 모습에 익숙한 친구들이 많을 겁니다. 언제부터인가 유튜브, 카카오톡, 구글, 네이버, 인스타그램 등의 기업은 우리 삶에 깊숙이 스며들었습니다. 익숙한 이들 기업의 공통점이 뭘까요? 바로 '플랫폼 기업'이라는 사실입니다. 이처럼 우리의 하루는 플랫폼으로 시작해 플랫폼으로 끝난다 해도 과언이 아닙니다.

　플랫폼은 기차를 타고 내리는 승강장을 의미합니다. 기차와 승객을 연결해 주기 때문에 언제나 사람들로 붐빕니다. 플랫폼 기업 역시 기차 승강장과 비슷합니다. 이들은 사람과 사람을 연결합니다. 카카오톡은 메시지를 주고받으려는 사람을 연결하고, 유튜브나 인스타그램은 콘텐츠 생산자와 시청자를 연결합니다. 구글이나 네이버 역시 정보를 제공하는 자와 찾는 자를 이어 줍니다. 물론, 마트나 백화점 역시 물건을 파는 회사와 소비자를 연결해 주는 곳이므로 플랫폼이라 할 수 있습니다. 하지만 오늘날 우리가 말하는 '플랫폼 기업'은 디지털 기술을 바탕으로 합니다.

　페이스북은 혜성처럼 등장해 세상을 바꾼 플랫폼 기업입니다. 페이스북은 2004년 당시 하버드대학교 재학생이던 마크 저커버그가 친구들과 함께 만든 웹사이트에서 출발했습니다. 처음에는 학생들 간에 친목을 다지기 위해 자기 소개 글이나 사진을 올리는 작은 커뮤니티였지만, 인근 대학으로 입소문을 타기 시작하며 폭발적으로 성장했습니다. 2010년에는 사용자 5억 명을 돌파하며 세계에서 손꼽는 IT 기업이 되었습니다.

우리가 사용하는 플랫폼들은 대부분 공짜입니다. 카카오톡으로 메시지를 아무리 많이 주고받아도, 유튜브로 하루 종일 영상을 봐도 돈을 내지 않습니다. 그렇다면 이들 기업은 어떻게 돈을 버는 걸까요? 역설적이게도 플랫폼 기업은 처음부터 돈 벌 궁리를 하지 않습니다. 이들은 오직 사람을 모으는 일에 집중합니다. 사람이 모이면 돈 버는 일은 식은 죽 먹기이기 때문입니다.

플랫폼 기업의 수익은 대부분 광고비에서 나옵니다. 카카오톡은 매달 4,000만 명의 사람들이 이용합니다. 즉 4,000만 명이 모이는 시장인 셈입니다. 기업은 광고를 게시해 주는

현대 사회를 살아가는 우리는 모두 소셜 네트워크를 통해 세상과 더욱 가깝게 연결되어 있습니다.

대가로 천문학적인 돈을 벌어들입니다. 세계적인 기업 구글의 위력은 더욱 막강한데, 세계 모바일 검색 중 95%가 구글을 통해 이루어집니다. 그 결과, 구글은 2020년 광고비로만 180조 넘게 벌었습니다.

사람과 사람을 넘어, 세상과 세상을 연결하다

    플랫폼 기업의 규모가 커지다 보니 다양한 문제가 생기고 있습니다. 거대해진 플랫폼은 이미 수많은 고객을 거느리고 있기에 어떤 사업을 추가해도 성공하기가 쉽습니다. 그래서 많은 돈과 인력을 투자해 문어발식 사업을 벌이곤 합니다. 이들의 무분별한 확장은 소상공인과 골목상권의 피해로 이어지고 있습니다. 우리나라의 모 플랫폼 기업은 사업 영역이 무려 100개가 넘습니다. 심지어 꽃 판매 사업까지 추진하는 바람에 거센 반발을 맞았고, 결국 사업을 철회했죠.

    독과점 역시 심각한 문제입니다. 사람들은 이용객이 많은 플랫폼으로 몰리게 되므로 자연스럽게 독점적 형태를 띠는 플랫폼이 탄생하게 됩니다. 그러나 플랫폼 기업이 자신의 독과점적 입지를 이용해 고객들에게 과도한 이익을 취하고 있다는 문제가 끊임없이 제기되고 있습니다. 세계 최대 앱 마켓인 '구글플레이'에 애플리케이션을 등록하면 이용자가 결제한 금액의 무려 10~30%를 구글에 수수료로 내야 합니다. 심지어 때에 따라 수수료를 올리는데, 고객 입장에서는 울며 겨자 먹기로 낼 수밖에 없습니다.

물론 플랫폼 기업은 여러 방면으로 사회를 긍정적으로 바꾸고 있습니다. 우리 생활을 편리하게 만들어 주고 있으며, 모든 사람에게 공평한 기회를 주고 있다는 사실은 부인하기 힘듭니다. 예전에는 연예인들만 방송에 출연했지만 지금은 누구나 마음만 먹으면 플랫폼을 이용해 방송 활동을 할 수 있습니다. 많은 음식을 맛있게 먹는 '먹방'으로 돈을 벌 수 있는 것도, 전문 만화가가 아니라도 웹툰 연재를 할 수 있는 것도 모두 플랫폼 기업 덕분입니다. 개인의 개성이 이토록 존중받고 중시되는 사회는 전에 볼 수 없었습니다.

플랫폼 경제의 미래는 여전히 밝습니다. 창의적인 아이디어와 기술로 무장한 기업들이 끊임없이 등장하고 있으며, 이들은 조금씩 세상을 바꾸고 있습니다. 페이스북은 사람과 사람을 연결하는 것을 넘어 세상과 세상을 연결하겠다며 **메타버스** metaverse 세상을 적극적으로 개척하고 있습니다. 앞으로 플랫폼 경제가 펼쳐갈 황금빛 미래를 기대할 만합니다.

메타버스

메타버스는 가상을 의미하는 '메타'와 세계를 의미하는 '유니버스'의 합성어로, 가상현실을 의미하는 신조어입니다. 코로나 19로 인해 비대면으로 만나는 방법이 필요해지자 주목받기 시작했습니다. 메타버스 안에서 사람들은 다양한 사회 문화적 활동을 하고 있습니다. 대학교 입학식, 가수의 콘서트, 대통령의 선거 유세가 메타버스 환경에서 이루어지기도 했습니다. 우리나라의 대표적인 메타버스 플랫폼으로는 '제페토'가 있습니다. 아바타를 만들어 세계 각국의 다른 이용자들과 소통하고 다양한 활동을 즐길 수 있다는 점 덕분에 제페토는 현재 2억 명 이상의 사람들이 이용하고 있습니다.

교과 연계

고등학교

참고 자료

결정적 질문 1

- 오태민, 《비트코인, 그리고 달러의 지정학》, 거인의 정원, 2023
- 쑹훙빙, 《화폐전쟁 1~5》, 알에이치코리아, 2020
- 홍춘욱, 《7대 이슈로 보는 돈의 역사 2》, 로크미디어, 2020
- 홍춘욱, 《50대 사건으로 보는 돈의 역사》, 로크미디어, 2019

결정적 질문 2

- tvn 〈벌거벗은 세계사〉 제작팀, 《벌거벗은 세계사: 경제편》, 교보문고, 2023
- 이강희, 《그림으로 배우는 경제사》, 인물과사상사, 2022
- 토드 부크홀츠, 《죽은 경제학자의 살아있는 아이디어》, 류현 옮김, 김영사, 2023

결정적 질문 3

- 윌리엄 번스타인, 《무역의 세계사》, 박홍경 옮김, 라이팅하우스, 2019
- 전국역사교사모임, 《살아있는 세계사 교과서 2》, 휴머니스트, 2005
- 필립 D. 커틴, 《경제인류학으로 본 세계무역의 역사》, 김병순 옮김, 모티브북, 2007

결정적 질문 4

- tvn 〈벌거벗은 세계사〉 제작팀, 《벌거벗은 세계사: 경제편》, 교보문고, 2023
- 니콜라우스 피퍼 글, 알요샤 블라우 그림, 《청소년을 위한 경제의 역사》, 유혜자 옮김, 비룡소, 2024
- 서준식, 《투자자의 인문학 서재》, 한스미디어, 2020

결정적 질문 5

- 이강희, 《그림으로 배우는 경제사》, 인물과사상사, 2022
- 홍춘욱, 《7대 이슈로 보는 돈의 역사 2》, 로크미디어, 2020
- 홍춘욱, 《50대 사건으로 보는 돈의 역사》, 로크미디어, 2019

결정적 질문 6
• 서준식, 《투자자의 인문학 서재》, 한스미디어, 2020
• 유지후 글, 황기홍 그림, 《케인즈가 들려주는 수정 자본주의 이야기》, 자음과모음,
  2011
• 홍춘욱, 《7대 이슈로 보는 돈의 역사 2》, 로크미디어, 2020
• 홍춘욱, 《50대 사건으로 보는 돈의 역사》, 로크미디어, 2019

결정적 질문 7
• 김상균, 《메타버스》, 플랜비디자인, 2020
• 조산구, 《공유경제 2.0》, 21세기북스, 2021
• 토드 부크홀츠, 《죽은 경제학자의 살아있는 아이디어》, 류현 옮김, 김영사, 2023

다른 포스트

뉴스레터 구독

10대를 위한
경제를 일으킨 결정적 질문

초판 1쇄　2024년 3월 18일

지은이　박정현

펴낸이　김한청
기획편집　원경은 차언조 양희우 유자영
마케팅　현승원
디자인　이성아 박다애
운영　설채린

펴낸곳 도서출판 다른
출판등록 2004년 9월 2일 제2013-000194호
주소 서울시 마포구 동교로 27길 3-10 희경빌딩 4층
전화 02-3143-6478　**팩스** 02-3143-6479　**이메일** khc15968@hanmail.net
블로그 blog.naver.com/darun_pub　**인스타그램** @darunpublishers

ISBN 979-11-5633-607-5 44000
ISBN 979-11-5633-441-5 (세트)

 다른 생각이
다른 세상을 만듭니다